OPERATION JAPAN 2000

일본선교 기도 정보 2000

OPERATION JAPAN 2000

일본선교 기도 정보 2000

지은이 OPERATION JAPAN 출판위원회
초판1쇄 찍은날 · 2000년 6월 10일
초판1쇄 펴낸날 · 2000년 6월 17일
펴낸이 · 김승태
편집장 · 하미경
편집 · 최창숙, 양선애
표지디자인 · 한영애
영업 · 김석주
등록번호 · 제2-1349호(1992.3.31)
펴낸곳 · 예영커뮤니케이션
　　　　110-616 서울 광화문우체국 사서함 1661
　　　　출판사업부 T. (02) 2264-7211　F.(02)2264-7214
　　　　유통사업부 T. (02) 830-8566　F.(02) 830-8567
　　　　E-mail : jeyoung @ chollian. net

ISBN 89-8350-186-3 03230

값 4,800원

■잘못 만들어진 책은 언제든지 교환해 드립니다.

OPERATION JAPAN 2000

일본선교 기도 정보 2000

OPERATION JAPAN 출판위원회 지음

예영커뮤니케이션

차례

OPERATION JAPAN 2000

이 책의 한국어판 발간을 축하하며

『일본선교 기도 정보 2000』(*OPERATION JAPAN 2000*)은 일본선교의 진전을 위해 기도해 주시는 분들에게 도움이 되도록 편집된 책입니다. 최초의 판은 벌써 영어로 번역되어 1만 부 가깝게 영어권 성도들에게 사용되고 있습니다. 이번에 2000년 신판 발행을 계기로, 한국어판을 발행하게 된 것을 진심으로 감사드립니다. 저는 최근 들어 한국 교회의 형제 자매들이 일본선교를 위해 밤낮 뜨거운 기도를 드리고 있다는 것을 여러 기회를 통해 알게 되었습니다.

일본에 한국 선교사 수가 많아지고 있는 일도 여러분의 기도가 현실적으로 실현된 것이라고 믿습니다. 그리고 매월 제 앞으로 일본선교에 뜻을 가진 단체의 잡지가 보내지고 있습니다. 애석하게도 한글을 읽지는 못하지만 한국 교회의 뜨거운 기도를 항상 느끼면서 사역하고 있습니다.

일본과 한국은 이웃 사촌의 관계입니다만 서로 슬픈 역사를 공유하고 있습니다. 일본의 35년 간의 식민지 지배로 인해 한국인이 당한 괴로움은, 우리 일본인이 어떤 말로도 표현할 수 없습니다. 그럼에도 불구하고 한국 교회의 형제 자매들이 일본을 사랑하고, 일본인의 구원을 위해 기도하며 많은 선교사들을 파견하고 있는 것은, 확실하게 예수님의 구속의 은혜에 기초한 사랑의 표현이라고밖에는 말할 수 없습니다.

일본의 개신교 선교는 140여 년의 긴 역사를 가지고 있습니다만, 크리스천 인구는 아직도 가톨릭을 포함해 1%에도 미치지 못하고 있습니다. 그러나 일본보다 25년 뒤늦은 개신교 선교의 역사를 가지고, 문화적으로 많은 공통점을 가진 이웃 나라 한국에서 복음선교가 크게 열매맺어 가는 것을 비교해 보면, 왜 그럴까 하고 심사숙고하지 않을 수 없습니다. 확실히 일본에는 일본의 특수 사정이 있습니다만, 복음은 동일한 것이며 모든 사람이 복음을 필요로 하고 있는 것은 변함이 없습니다. 일본 교회도 동포의 구원을 위해 기도하며 여러 가지 선교의 노력을 경주하고 있습니다. "작은 고추가 더 맵다"라는 속담이 있듯이, 작지만 일본 민족 전체에 영향을 미치는 교회로 자라가고 싶은 열망이 있습니다.

이 책은 일본 전체의 선교 상황을 알리고, 더욱더 정확하게 기도하는 것이 가능하도록 출판되었습니다. 한국에 계시는 형제 자매들이 일본선교를 위해 중보해 주실 때 반드시 가까운 곳에 보관하시며 기도해 주시면 감사하겠습니다.

부족한 내용이지만 한국 교회를 위해 여러 자료를 보충해서 재편집해 주시고, 번역 및 출판을 위해 고생하신 주 안에서의 동료, 친우이기도 한 조영상 선교사께도 진심으로 감사드립니다.

이나가키 히로시(稻垣 博史) 목사
일본복음주의협의회(JEA) 사무총장

이 책의 한국어판 편집을 마치고

"밤에 환상이 바울에게 보이니 마게도냐 사람 하나가 서서 그에게 청하여 가로되 마게도냐로 건너와서 우리를 도우라 하거늘"(행 16:9).

21세기의 문턱에서 영적으로 황폐해지고 있는 일본은 한국 교회를 향하여 우리를 도와 달라고 더욱 간청하고 있습니다. 일본 땅 구석구석마다 우리 선조들이 전해 준 불교 유산, 유교 유산이 너무 많음을 볼 때 이제는 생명의 복음, 진리의 예수 그리스도를 전해 주어야 할 책임이 한국 교회에 있다고 믿습니다.

이 기도 정보 책자가 일본으로 파송되어 가는 선교사들과 파송해 보내는 선교사(교회 성도)들에게 유익한 자료가 되길 바랍니다.

이 책의 특징은 일본의 지역별 영적 상황, 일반적인 문화 · 사회 · 역사정보 · 통계를 비롯하여 특별히 미전도 지역의 실태를 정확하게 소개하고 있습니다. 지금까지는 정보가 부족하여 일본을 위해서 구체적인 기도를 하지 못했던 한국 교회에 이 책이 긍휼의 마음을 가지고 효과적으로 중보 기도를 하는 동기가 되고, 이를 통해 일본의 땅 끝에(미전도 지역) 선교사를 파송하는 새로운 선교전략이 수립되길 희망합니다.

편집하면서 인명과 지명에 대해서는 발음대로 기술하고 한자를 첨부했으며, 사건이나 풍습 등은 알기 쉽게 보충 설명을 첨부하여 누구든지 일본을 쉽게 이해하도록 노력했습니다.

또한 한국 교회가 알아 두어야 할 일본의 간단한 역사, 기독교의 흐름, 종교의 특성, 재일대한기독교약사, 각 현마다 파송된 한국 선교사들의 통계 등을 보충했으며, 8월15일 광복절을 기념해서 재일 한국인 교회들과 한국 선교사들을 위한 기도 제목을 정리하여 삽입했습니다.

21세기는 한일간의 협력과 교류가 더욱 막대해질 것을 예상할 때 한국 교회가 먼저 겸허하게 일본을 연구하면서, 일본에 대하여 영적인 관심을 가지고 접근하기를 바라는 것입니다.

　오랜 기간 동안 일본의 자료를 수집해 정리하고, 역사적인 2000년에 한국판을 만들도록 격려해 주신 일본복음동맹(JEA)의 선교위원회 위원장이시며 교회정보서비스(CIS)의 이사장이신 하루오 미츠모리 목사와 영어판 편집위원으로 많은 아이디어를 제공해 주신 일본침례교회 연합 선교사인 돈 라이트(Don Wright) 목사와 일본선교의 사명을 가지고 출판을 맡아 주신 예영커뮤니케이션의 김승태 사장께 진심으로 감사드립니다.

OPERATION JAPAN 편집위원 조영상 선교사

B.C 8000~A.D 250년 경 조몬(繩文) 문화

수렵, 채집 생활.

야요이(彌生) 민족이 벼농사, 베짜기, 철연장, 말, 소 등을 소개함.

A.D 250년 경~710 야마토(大和) 시대

새로운 문화 도입.

아마테라스 오오미가미(天照大御神) 여신의 자손이라 칭하는 통치자 출현.

신도(神道)의 시작.

한반도에서 불교 전래됨.

중국의 중앙집권제가 소개됨. 천황의 토지 소유제, 세금, 민법의 도입.

(중국의 법에서 발췌함)

710~794 나라(奈良) 시대

첫 수도가 710년에 나라로 정해짐. 부족사회에서 귀족사회로 변천함.

불교가 귀족사회를 출현시킴으로써 큰 영향을 행사하게 됨.

한반도를 통해 유입된 당(唐) 문화의 전성기를 이룸.

794~1180 헤이안(平安) 시대와 후지와라(藤原) 가(家)

감무(柑武) 천황이 황실의 독립을 선언하고 현재 교토로 수도 천도(794).

후지와라 가가 왕족과 결혼함으로써 권력에 진입하여 천황 아래 위치 확보.

새로운 불교 종파가 나라(奈良) 시대의 불교를 몰아냄.

토지의 사유화와 사찰의 토지 소유권 인정, 사무라이의 출현.

1180~1192 쇼군(將軍)의 출현

사무라이의 우두머리로서 천황이 임명. 약 700년 간 무사들이 정권 장악.

미나모토(源) 가가 타이라(平) 가를 켄페이(源平合戰) 전투에서 승리해 처음으로 군부가 세력을 잡음.

1192~1338 `카마쿠라(鎌倉) 시대

천황계와 군부의 권력다툼 시대.

몽고군의 두 번에 걸친 원정 때 태풍으로 실패했다 하여 가미가제(神風)라 부름.

불교의 새로운 부흥〔누구든지 극락에 가게 된다는 새로운 종파(니찌렌슈:日蓮宗)가 출현〕이 있었고, 다이고(代行) 천황이 황실의 지나친 권력을 주장하여 두 개의 황실이 탄생됨.

1338~1560   아시카가(足利) 시대

아시카가(足利) 가가 3대 쇼군의 권좌에 오르면서 황실 분열에 종지부를 찍음.

아시카가(足利) 가의 상속문제로 11년 간 오닌(應仁)의 난(亂)이 일어난 사이에 지방 권력자가 출현하여 군웅할거의 전국시대가 전개됨.

포르투갈과 교역 시작함.

1549년 프란시스 자비에르 선교사가 천주교를 소개함.

1560~1600   통일 시대

세 지방 권력자의 투쟁으로 전국 통일함.

1600~1867   도쿠가와(德川) 시대

도쿠가와(德川)는 수도를 지금의 도쿄(東京)로 옮김.

주요 도시와 광산은 지방 권력자에 의해 통치 관리시키고, 1639년 이래 나가사키(長崎)를 제외한 전국이 쇄국정치로 봉쇄됨.

19세기 봉건주의 체제 붕괴. 미국 상선 페리호로 인해 쇄국정치의 막이 내림.

1867~1868   쇼군 세력 퇴임과 동시에 메이지(明治) 천황이 황실을 복귀함(왕정복고).

1868~1912   메이지 유신(明治 維新) 시대

봉건군주주의에서 자본주의 산업, 공업의 시대로 탈바꿈함.

군주시대에 종지부를 찍고 세제(稅制), 교육제도 도입, 헌법상 천황의 신인(神人)주장. 근대 일본의 기초를 마련함.

1894~1895   중일(中日)전쟁. 한국 정복당함.

1904~1905   러일전쟁. 사할린이 일본 영토로 편입됨.

1912~1941   제1차 세계대전과 과도기

일본은 영국의 동맹국으로 대전에 참가하여 당시 독일의 소유지였던 중국 광주(廣州)를 접수하여 중국 내정간섭을 시작함.

일본 정부와 군부의 세력 확대에 의견 충돌.

1930년, 대공황으로 군부가 권력을 장악함. 3명의 수상이 테러로 쓰러짐.

1931년, 군부가 만주 점령.

1932년, 만주 정권을 수립함.

1940년, 중일(中日)전쟁 이후 일본은 남경(南京)에서 권력을 잡고 독일, 이탈리아와 3국 동맹을 맺고 인도차이나(월남)에 진군함.

1941~1945 미국 · 영국의 반격으로 인도차이나에서 무역 중지하게 됨.

일본은 궁지에 몰려 후퇴 또는 인도네시아의 석유를 탈취해야 하는 기로에 놓임. 이것은 미국과의 전쟁을 의미. 고노에 후미마로(近衛文麿) 수상은 미국과의 충돌 회피를 원했으나 군부의 실력자 도죠(東条)가 수상을 하야시키고 하와이 진주만 공격을 개시하여 승리함. 그러나 1942년 6월 미드웨이 함대에 대패함.

1945~현재 전후(戰後) 일본

맥아더 사령관에 의한 진주군의 정치, 사회, 경제 개혁이 시작됨.

패잔병과 민간인들이 해외에서 돌아옴에 따라 생필품 결핍으로 곤경에 처함.

1950~1953년, 한국전으로 수출이 증가되고 미국과 군사방위동맹을 맺음.

1952년, 미군(美軍) 군정이 끝남.

1972년, 오키나와 반환. 선진공업국의 기술도입으로 경제부흥에 역점을 둠. 중국과 국교 회복.

70년대 일본은 유수한 자동차, 선박, 철강, 전자제품의 생산국으로 등장.

1988년 해외 원조를 가장 많이 하는 나라로 부상함. U.N 평화군 파송.

80년대 일본은 선진국으로 등장하게 됨.

1989년, 쇼와(昭和) 천황 사망. 그 아들 아키히토가 천황이 되어 연호를 헤이세이(平成)라 함.

〈*Grolier's Multimedia* 백과사전 발췌〉

▶ 1549년 인도에서 3년 동안 선교사로 일한 프란시스 자비에르는, 일본으로 발을 돌려 예수회(Jesuit) 선교단을 설립했다. 이것은 남큐슈 지방에 3명의 일본인 선교사와 두 사람의 목사에 의해서 로마 천주교의 첫 깃발을 올리는 효시가 되었다. 비록 자비에르는 일본에 2년밖에 체류하지 않았으나 일본선교에 대한 불붙는 열망과 헌신적인 봉사로 군부와 평민들의 호응을 받아 포교에 전력하였다. 당시는 장기간의 내란과 불교계의 끊임없는 다툼으로 용기와 살 기력을 잃었던 일반시민들에게 무엇인가 희망을 주는 변화가 절실한 시기였다. 불교는 평민들의 이러한 욕구를 채워 주지 못했음으로 이 천주교는 새로운 약속을 주게 되었다. 이 천주교 선교사들은 신선한 종교관과 또 상상을 초월하는 놀라운 것들을 제공하였다. 그러나 불행히도 천주교가 소개된 이래 30년 간 천주교는 과격한 방법으로 교세확장을 시도하였다. 즉 그들은 불교와 신도(神道)를 이용하여, 영주들로 하여금 서로 경쟁하게 하여 훈장을 수여함으로써 천주교를 믿게 하여 소위 기리스탄(중세 일본의 가톨릭 신자)을 만들었다.

▶ 1582년 권력을 잡은 토요토미 히데요시는, 예수회(Jesuit) 선교사들이 정치적 야망을 가지고 있는 것으로 의심하기 시작하여 1587년에는 모든 선교사들을 추방하였다. 이후에 히데요시는 조금 누그러져 너무 과격하지 않는 한 묵인하게 되었다. 그러나 6년 후 도미니칸과 프란시스칸 선교사들이 마닐라에서 들어오기 시작하면서 천주교 포교 금지령을 무시하고 일하기 시작했다. 선교사들 간에 싸움이 시작되자 히데요시는 다시 이들을 엄하게 다스리게 되었다. 이 때 스페인 함대가 영토확장을 노린다는 소문을 퍼뜨림으로써 히데요시는 전격적으로 천주교를 탄압하기 시작하였다. 1597년 2월 5일 나가사키에서 26명의 신자가 십자가에 처형되어 순교했다. 그 후 30년 간 계속 박해와 처형이 있었다. 1614년에서 1635년 사이 28만 명의 신자가 처형당했다. 믿음이 약한 신자들은 신앙을 버리고 다

시 불교로 돌아갔다. 1637년 시마바라(島原)에서 종교탄압에 대한 농민들의 봉기가 있었고, 그 결과 37만 명의 신자들이 처형되었다.

▶ 도쿠카와 쇼군 시대에는 특별순찰대가 조직되어, 자기 지역에 크리스천이 있는지 없는지 조사하여 불교 승려들을 통해 보고하도록 하였다. 신자들은 예수님이나 마리아의 사진을 밟고 신앙을 버리든지 아니면 처형당해야 하는 기로에 놓이게 되었다(후미에:踏繪). 그 후 250여 년 동안 그리스도교에 대한 박해는 계속되었다. 그리하여 1853년까지 로마 가톨릭교는 일본에서 막을 내리게 되었다. 그 후 1853년 페리 제독이 들어왔을 때 일본은 새로운 전기를 맞게 된다. 1858년 미국과 상업조약이 체결되었고, 1859년 외국의 배에 문호를 개방하였으며, 4개월 후 7명의 개신교 선교사가 들어오게 되었다. 아직도 외국 문화에 대해서는 폐쇄적이었지만 개신교 선교사들은 하나님이 허락하신 기회를 놓치지 않았고, 1872년 요코하마에서 첫 세례식이 있었다. 1873년 개신교의 모든 교단은 선교사를 파송했으며, 기독교 금지령이 해제된 후였으므로 주로 몰락한 사무라이들과 중상류층에게 전도하였다.

▶ 1883년에서 1889년 사이에는 개신교의 급성장이 있었다. 그들은 성경과 기도를 강조하였다. 그러나 일부에서는 반서구운동으로 주춤하는 곳도 있었다. 또한 신신학(新神學)과 이성인본주의의 도래로 다소 시련을 겪었으나 오히려 바로 믿고자 하는 자들을 더 깊은 진리로 인도하였다. 금세기 초 3차 선교사 회의에서 각 교단 사이에 서로 협력과 화해가 이루어졌다. 1911년 기독교단이 설립되었으며, 개신교는 새로운 성장기를 맞았다.

▶ 1930년 극우파와 과격파 군부에 의해 기독교는 또다시 시련을 맞게 되었다. 그 결과 1940년대에는 많은 목사들과 지도자들이 투옥되었다. 1941년에는 정부의 탄압에 의해 각 선교 교단의 관계가 두절되었고, 일본기독교단이 형성되었다.

▶ 1945년 패전 후 일본은 사상 처음으로 헌법에 종교의 자유가 보장되었다. 점령군의 통치와 천황의 신(神) 부인으로 인해 기독교회는 새로운 성장기를 맞이했다. 이 때부터 일본은 천주교를 포함하여 34만 명의 신자가 매년 4%씩 증가 추세를 보였다. 지금은 신구교 합쳐서 약 100만 명의 신자가 형성되어 있다.

〈1970년 JEMA의 *Japan Harvest* 문집 발췌〉

전후 50년 간 일본 교회의 발자취

1945(昭和 20년) 일본의 패전, 국제연합 발족
  극동방송국 동경지국 개설
  재일대한기독교단이 일본기독교단에서 탈퇴
1946 천황의 인간 선언(신격 부정 선언)
  미국으로부터 성경과 찬송가 기증
  '그리스도' 주간신문 발간 개시
1947 KGK(그리스도 학생회) 출범
  일본복음주의선교협회(EMAJ) 설립
  일본의 신 헌법 제정, 시행
1948 일본기독교협의회(NCC) 설립
  세계교회협의회(WCC) 발족
1949 일본선교연맹(JPF) 설립
  중화인민공화국 성립
1950 일본복음연맹(JEF) 설립
  생명의 말씀사 창립
  라코어 뮤직전도단 출범
  한국전쟁 발발(勃發)
1951 태평양 방송국(PBA) 개국
  일본성서협회(JBCC) 설립
  종교법인법 제정, 시행
  일본 평화조약(대일강화조약) 체결
1952 황실의 니쥬바시(二重橋) 메이데이(노동절) 사건
1953 YFC 세계회의 동경대회
  전국 가정문서전도협의회(EHC) 발족
  한국 휴전협정 조인(남북 분단)

1954 신약 구어체 성서 간행(J.B.S)

재일대한기독교단이 문화청에 종교법인으로 등록됨

1955 구약 구어체 성서 간행(J.B.S)

1956 빌리 그래함 목사 일본 첫 방문

일본이 국제연합(U.N)에 가입

1957 일본 복음 크루세이드 설립(혼다 고지 목사)

1959 일본 개신교 선교 100주년 기념 성서신앙운동(JPC) 실시

1960 일본 프로테스탄트 성서신앙동맹(JPC) 발족

미·일 안보조약 체결

밥 피어스(Bob Pierce) 목사에 의한 동경기독선교회 시작

1961 동경 크리스천 크루세이드 실시

일본복음주의선교회(JCEM) 창립

1962 일본 케직 컨벤션 시작

1963 케네디 대통령 암살

1964 동경 올림픽 개최

1965 신개역판 성경 간행

1966 베를린 전도회의

1967 제1회 빌리 그래함 국제대회(동경)

크리스천 신문 창간

중국에서 문화대혁명

1968 일본복음주의선교사협의회(JEMA) 조직

일본복음동맹(JEA) 창립

1969 총동원전도(JMME) 발족

학원분쟁 및 교단분쟁 시작

1970 오사카 복음 크루세이드 실시

일본복음주의 신학회 창립

오사카 국제박람회 개최

1971 일본해외선교 연락협의회(JOMA) 창립

츠시(津市) 청사 기공식에서의 신도 의식이 불법이라고 판결(津地鎭祭
위헌판결)

1972 연합적군파 아사마 산장(淺間山莊) 사건

1974 제1회 일본전도회의(교토), 로잔 세계선교회의
     재일 한국인문제연구소 설립
     Explo' 74 서울 대회에 1천 명 교회 지도자 참석
1977 쯔시(津市) 청사 기공식에서의 신도 의식이 불법이라는 판결이 최고재
     판에서 전복됨(津地鎭祭 위헌소송이 패소함)
1978 일본어판 Living Bible 출간
     싱가폴 아시아 교회 지도자 회의
     나리타 국제공항 오픈
1979 동경기독대학(TCC), 동경신학대학(TCTS)과 교리쯔여자성경학교
     (KWBS)의 합병으로 TCI 동경기독대학 설립
1980 제2회 빌리 그래함 국제대회 개최(동경)
1982 제2회 일본전도회의 개최(교토)
1983 오차노미즈 크리스천 센터(OCC) 준공
     세계 전도자 회의(암스테르담)
1984 재일대한기독교회 지문 거부 실행위원회 결성
1985 전도단체 연락협의회(PAJ) 발족
     아시아 복음동맹(EFA) 발족
     한 · 일 교회 지도자 세미나에 300명 소장파 목사 참석
1986 일본복음동맹(JEA) 재구성
     세계 전도자 회의 II (암스테르담)
1987 일본복음동맹(JEA)이 세계복음주의협의회, 아시아복음주의협의회
     (EFA) 가맹
1988 혼슈와 북해도 해저터널(靑函 터널) 개통
     싱가폴 아시아 교회 지도자 회의 II
     신공동역 성서 간행(성서간행사)
1989(平成1년) 천황 즉위식(大嘗祭: 神道 예식)의 공금 사용 금지를 교회협의
     회에서 요구함.
     로잔 세계선교회의 II (마닐라)
1990 아시아 선교회의(서울 충현교회)
     재일대한기독교회 제1회 조국 평화통일과 선교에 관한 기독자동경대회
     개최(남북 교회지도자 회의)
     걸프(Gulf) 전쟁, 동서 독일 통일

1991 제3회 일본 전도회의 개최(시오바라)

한국 CCC에 의한 New Life 단기선교운동 시작

소련 연방 붕괴

1993 고시엔에서 전국 부흥집회(고시엔 미션)

1994 제3회 빌리 그래함 국제대회(동경)

아시아 교회회의(인도네시아)

1995 고베 지진, 오움(이단)진리교 지하철 독가스 사건

1996 한 · 일 찬송가 발행

'사랑의 묵시록(한일 합작 영화: 목포 공생원 윤학자 원장의 생애)' 상영

운동이 일어남.

GCOWE 대회(서울)

1997 에히메(愛媛) 현 지사가 야스쿠니 신사 참배시 다마구시(玉串) 부적을

공금으로 산 것을 최고재판소가 위헌으로 판정(14년 논쟁의 매듭으로

기독교의 승리)

KGK(그리스도 학생회)의 청년의 집 사용시 기미가요, 일장기 의식 거절

1999 국제 CCC의 주창으로 3일간 동경 단식기도성회 개최

히노마루(일장기)와 기미가요(천황찬미)가 국기(國旗), 국가(國歌)로

법제화됨.

축 그리스도 성탄 2000년 실행위원회 결성

2000. 6월 제4회 일본전도회의(오키나와)

11월 동경대성서전(사해사본등 희귀본 반입)

〈JEA(일본복음동맹)의 *Japan update*에서 발췌하고, 편집자가 보충〉

일본교(日本敎)

무엇이 지난 여러 해 동안 일본 복음화를 방해해 왔는가? 그것은 여러 가지 요인이 있겠으나 한 가지 부인할 수 없는 것은 거의 대부분의 일본인들이 그리스도교를 일본교라고 생각하고 있기 때문이다.

▶ 융합된 일본교

일본교는 일본인 세계관의 중심사상으로 일본을 복음화시키는 데 가장 큰 장애요소이다. 이것은 여러 가지 형태로 나타나 영향을 미치므로 무엇이다라고 꼬집어서 말하기는 어렵다. 이것은 여러 가지 복합적인 요소가 얽혀 그들의 세계관과 신념 및 행동에 영향을 미치고 있는 것으로 보여진다.

아주 극소수의 사람만이 불교와 신도(神道)의 목적, 의미나 교리를 알고 있고, 아주 중요시하고 있다. 그들은 단지 하나의 관습이라고 하지만 그것을 충실히 지키려고 애쓴다. 또한 하쯔모데(初詣)라는 신년 신사참배, 조상숭배, 부적, 종교적인 페스티벌 등이 복을 가져다 준다고 믿고 있다. 대부분의 사람들이 천황을 숭배하지는 않으나 천황에 대해 나쁘게 이야기하면 용서할 수 없는 것으로 생각하고 있다. 일본은 천황이 바뀔 때마다 연호를 새로 정하여 사용하고 있다. 일본 국가(기미가요:君が代)나 국기(히노마루: 日の丸)에 대해서도 과격파를 제외하고는 별 관심이 없지만 나라의 상징으로서는 대단히 애착을 가지고 있다.

기독교는 일본에 맞지 않는 종교로 보고 있다. 그래서 많은 크리스천이 자신의 신앙을 가족들이나 친구들에게 나타내기를 꺼려하고 있다. 자신의 주장이나 판단보다 남이 자기를 어떻게 생각하고 판단하는가에 더 관심을 갖고 그것에 맞추고자 하는 것이다. 그래서 자신들이 말하고 행동하는 것이 자기의 생각들과 위배될 때가 많다. 다시 말해 남의 이목을 위해 억지로 무엇을 하는 때가 많은 것이다. 전쟁 전이나 전쟁 중 정부와 타협하여 자기의 신앙을 부인한 사실에 대해 잘못했다고 생각하거나 회개하고자 하는 목사나 신자들이 아직도 소수에 불과하다. 여러 곳에서 기술을 도입하였음에도 불구하고 일본의 독자적인 것이라고 주장하고, 상품의 고도의 성능을 자랑하고 있다. 그들의 거대한 무역흑자와 잘 규제된 사업의 여러 가지 요소들이 정치나 경제보다 더 타당성이 있다고 생각한다. 그들은 범죄율이 낮고 사회질서를 잘 지킨다. 위에서 열거한 것들이 소위 일본교와 연결된 것들이라고 할 수 있다.

▶ 일본교의 기원과 표현

일본교는 에도 시대(1600~1867)와 메이지 유신 시대(1868~1911)에 발생하였다. 평민들은 무기를 다 반납당하고 정부 당국에 맹종하도록 강요당하여 집단에 속하는 획일화된 정신상태로 만들어졌다. 단체에서 떨어지면 수치를 느끼도록 훈련받았다. 도쿠가와 쇼군은 소위 5인조 팀을 조직하여 서로 감시하게 하였다. 모든 부락에서 각 가정의 가장(家長)을 다른 몇 가장들과 그룹으로 묶어 서로 감시하도록 하였다.

두 번째로 일본교의 형성에 영향을 미친 것은, 신도교(神道敎)의 학자들로 하여금 일본 민족은 타민족보다 천성적으로 모든 사물을 이해하고 행동하는 데 우수하다는 생각을 주입시킨 것이다. 그리하여 천황은 하나의 신으로서 추앙받게 되었고, 신도에의 순종은 국민의 의무이며 , 조상숭배도 강제로 하도록 가르쳤다. 이 두 가지 사상이야말로 일본교가 확고부동하게 자리잡게 된 요인이 되었다. 근본적으로 이것은 국민을 통치하고 권력을 유지하기 위한 목적이었다.

▶ 일본교의 기독교 신앙(Japanese Christianity)

일본인의 사고방식은, 종교를 한 사람의 목표를 이루기 위한 수단이요 인간관계를 종속시키기 위한 방편으로 보고 있다. 이러한 여건에서 기독교만이 절대적이라고 주장하는 것은 도저히 받아들여지지 않고 있는 것이다. 그래서 간혹 크리스천 자체보다 일본인이 되어야 한다고 말하는 기독교인도 있다. 이러한 우선권은 어느 나라에서나 볼 수 있는 것인지 모르겠지만 일본교야말로 이러한 것이 일본인에게 너무나 당연한 것이라고 보고 있는 것이다. 이 일본교의 기독교 신앙의 개념 때문에, 많은 일본 교회가 겉으로는 서양의 교회처럼 보이지만 실제 내용은 일본화 되어 있어서 일본적인 기독교인을 만들고 있다.

▶ 일본교의 개요

　만약 일본교에 교리가 있다면 일본을 창시한 신화적인 인물과 천황의 조상인 아마테라스 여신의 전승에서 나왔을 것이다. 천황의 계보를 일본 민족 전체의 시조라고 믿고 있기 때문에 이것이 조상숭배와 국가숭배의 이유로 받아들여지고 있다.

　일본교는 어떠한 신앙이나 종교도 모두 인정하며, 일본인으로 의무를 다하기만 한다면 상관없다고 생각하고 있다. 다만 매사에 있어서 일치성, 즉 다른 사람이 하는 대로 나도 따라해야 한다는 사상을 개인이나 사회 전체의 조직에 있어서 가장 중요한 것으로 생각한다. 일본교는 다른 나라에서 받아들였던 신앙이나 습관들도 일본화되기를 기대할 뿐만 아니라 그것을 유도하고 있다. 이것은 종교적 혼합주의를 말하며, 성경은 크리스천은 결코 이런 사상에 합류해서는 안될 것을 말하고 있다. 기독교야말로 참 진리요 바른 종교라고 인정하면서도 일본교 사상에 젖은 일본인들은 이것을 받아들일 수 없는 것으로 생각하고 있다. 이것이 진실은 아니지만 이러한 사고방식이 일본 전체 사회에 흐르고 있으므로, 우리가 일본을 이해하는 데 있어서 이런 점을 염두에 두어야 하겠다. 고린도후서 4:4의 "이 세상 신이 믿지 아니하는 자들의 마음을 혼미케 하여 그리스도의 영광의 복음의 광채가 비치지 못하게 함이니"라는 말씀 그대로이다. 만약 일본에서 교회의 현저한 성장을 기대한다면, 기독교가 전술한 일본교와 혼합되지 않도록 태도를 확실히 해야 할 필요가 있다. 또 교회는 일본교적인 기독교를 지양하고 신약성경적인 기독교로 바꾸어 나가도록 최선을 다해야 할 것이다.

〈월드 아웃리치 선교단 소속 피터 런델 제공〉

재일대한기독교단의 약사

▶ 전사(前史)(1882~1907)

1882년 제4차 수신사(修信使)의 비공식 수행원으로서 내일(來日)한 이수정(李樹廷)이 크리스천 농학자 츠다 센(津田 仙)을 만나, 다음 해인 1883년 4월 세례를 받고 조선인 유학생이 중심이 된 조선인 교회를 개설하여 신앙공동체 형성에 힘썼다. 또 성경번역 및 미국에서 언더우드(H.G.Underwood, 北長老敎), 아펜젤러(H.G. Appenzeller, 北長老敎) 두 선교사가 조선에 파견되는 데 영향을 끼치기도 하였다. 동경에서의 조선인 교회는 1886년 5월에 이수정이 귀국함으로 중단되었다. 하지만 단기간이기는 했어도 그가 뿌린 씨앗은 그 후 모국 교회의 형성으로 연결되었고, 또 일본의 지도적인 그리스도인과의 교제는 재일 교회의 형성으로 이어졌다. 그 후 20년이 지나 1906년 늘어나는 유학생의 지도를 위해 동경에 조선기독교청년회가 설립되어 성경연구와 예배가 행해지고, 그 결과 동경교회가 설립되었다.

▶ 조선예수교장로회와 조선감리회에 의한 선교(1908~1925)

1908년 평양에서 내일(來日)해 있었던 정익로(鄭益魯) 장로 그리고 김정식(金貞植) YMCA 총무 및 유학생이 모여, YMCA와는 별도로 교회(동경교회)를 설립하기로 의견의 일치를 보아 장로교회에 목사 파견을 요청한 것이 오늘날 재일 선교의 시작이다. 1909년 10월에 조선예수교장로회 독노회(獨老會)의 한석진(韓錫晋) 목사가 약 3개월간 체재하며 교회의 임원체제를 정비하고, 전도 장로에게 후사를 맡겼다. 1912년에는 조선예수교장로회와 감리회에 의한 선교합의가 이루어져, 장·감예수교연합에 의한 선교가 이루어지게 되어 교회 이름을 '동경연합예수교회'로, 파견 목사는 서로 2년씩 교대로 하기로 하여 1913년 주공삼(朱孔三) 목사가 취임하였다. 한일합병 이전의 재일 조선인의 대부분은 유학생이었다. 그러나 1910년 한일합병 후, 재일 조선인의 구성은 크게 변하게 되었다. 조선에서 토지조사사업 등에 의해 토지를 빼앗긴 농민의 유민화(流民化)와 제1차 세계대전 후 일본경제의 활황(活況)과 때를 맞추어 일본 자본주의는 일본인 노동자보다 저임금과 열악한 노동 조건을 강요할 수 있는 식민지 노동력으로 조선인의 일본 본토에의 이주를 요구하였다. 이후 조선인 노동자는 간사이(關西) 지방을 비롯하여 아이치(愛知), 큐슈(九州), 홋카이도(北海道) 등의 일본 노동시장의 저변층에 유입(流入)되어 정주하기 시작하였다. 재일 조선인 인구는 1920년 3만에 지나지 않았으나, 1930년에는 30만 명으로 급증하였다. 이에 따라서 동포 전도도 유학생으로부터 노동자에게로, 도쿄(東京) 지역에서 간사이(關西), 큐슈(九州), 츄우부(中部), 홋카이도(北海道) 등 전국적으로 넓혀지기 시작했다. 1917년 무렵부터는 요코하마, 고베(神戸)에, 1920년대 초기에는 오사카(大阪), 교토(京都), 나고야(名古屋)에도 교회가 형성되었다. 간사이(關西) 지방에 김이곤(金二坤) 목사가 파견된 것은 1922년이었다. 그때까지는 고베(神戸) 신학교에서 배우고 있던 신학생이 전도를 담당하고 있었다. 1925년에는 나고야(名古屋)에서 전도자 파견 요청이 있어서 오사카(大阪)로부터 김필순(金弼淳) 신학생이 파견되었다. 이 시기에 있었던 1919년 2.8 독립선언식을 거행함에 따른 경찰의 탄압, 1923년 9월의 간토(關東) 대지진에 의한 시련에도 불구하고 그리스도의 복음은 착실하게 전파되었다.

▶ 조선예수교연합공의회와 캐나다 장로교회에 의한 선교(1926~1933)

1926년에 큐슈(九州) 지방에 오택관(吳澤寬) 목사가 연합공의회로부터 파견되었다..1927년에는 캐나다 장로교회가 조선예수교연합공의회의 요청에 따라 재일 선교에 가담하기로 결정하여 L.L.Young 선교사 등이 적극적으로 전도활동을 하게 되었다. 이 시기에 캐나다 장로교회의 재일 선교 참가와 재정적인 큰 도움으로 조선인 목사, 전도자의 수가 증가하여 교회의 성장을 가져왔다. 1928년부터 1934년까지 교회의 수와 교회원의 수는 두 배 가까이 되어서 45교회가 존립하고, 신자수도 2,300명이 되었다. "도쿄(東京)를 비롯하여 오사카(大阪), 나고야(名古屋), 큐슈(九州), 홋카이도(北海道)까지 전도자의 발자취가 미치지 않는 곳이 없었습니다."라고 하는 말 그대로, 노동자로서 일본 전국에 흩어져 있던 동포에게 적극적으로 전도하였다. 나라를 빼앗기고 농지를 잃고서 생계의 수단을 찾아 일본에 온 동포 노동자는, 일본에서도 경시받으며 어쩔 수 없는 임금차별 등의 생활고를 겪었지만, 그들과 함께했던 교회는 마음의 안식을 누리는 오아시스와 같은 장소였으며, 동시에 고향 소식이나 민족의 아픔을 서로 나누는 신앙의 공동체였다. 또 교회는 재일 동포에게 있어서 필요한 일본어나 조선어, 그리고 역사를 가르치기 위한 야학교(夜學校)와 유치원의 개설에 힘써, 1933년에는 24개소의 야학교(夜學校)와 9개소나 되는 유치원을 열어 동포사회의 교육사업에 봉사하였다.

▶ 재일조선기독교회의 활동기(1934~1940)

1934년 2월, 재일조선기독교회대회가 창립되었다. 이에 의해 신조와 헌법을 제정하여 4개의 중회(中會), 1개의 지방회를 이끄는 조직교회가 되어 목사와 장로의 안수가 집행되게 되었다. 1940년에는 총 신도수가 4,000명에 이르게 되었다. 1936년에 일본기독교연맹에 가입할 때, '조선기독교회'로 개칭하였다. 조선기독교회의 의미는, 6년여의 짧은 기간이었지만 재일조선교회의 조직적인 자치를 꾀했으며, 고유의 운영체제를 가진 획기적인 것이었다. 그러나 일본 제국주의에 의한 중국 침략(15년 전쟁)하에서 종교단체법이 공포됨에 따라 1938년 제3회 대회에서 같은 계통의 장로파인 일본기독교회와의 '협조' 또는 '합동'이 결정되었다. 일본기독교회와의 교섭에 있어서 제시된 조건은, 일본기독교회의 '신조'에 대한 복종, 포교에 있어서 '일본어 사용', '교역자 재시험' 등이었다. 1939년, 종교단체법의 공포에 따라 '협조'의 선택권은 없어지고, 1940년 1월 임시총회를 개최하여 일본기독교회로부터 제시된 조건에 의한 '합동'이 결정되기에 이르렀다. '재일' 조선교회에게 있어서 이 흡수합병은 굴욕적인 것으로 고뇌 가운데의 결단이었다. 재일조선기독교회는 어쩔 수 없이 하나의 교파로서 해체되지 않을 수 없었다.

▶ 일본기독교회, 일본기독교단(1940~1945)

1940년 2월부터 일본기독교회에 가입신청 및 교사, 교사보(補)의 가입신청이 중회(中會)별로 이루어졌다. 62교회, 전도소의 가입이 수리되었다. 같은 해 12월에 캐나다장로교회의 선교사 일행이 귀국하였다. 나아가 일본이 종교에 대한 국가권력의 통제를 본격화하여, 1941년 6월 일본기독교단 설립시에는 일본기독교회가 제1부에 가입되었다. 일본이 태평양 전쟁에 돌입해 가면서, '재일' 조선인교회에 대해서는 조선독립운동에 대한 관헌의 감시와 탄압, 창씨개명(創氏改名)이나 일본어 사용, 황민화(皇民化) 정책 등 점점 심한 탄압이 이루어졌다. 1941년부터는 치안유지법 위반 혐의 등에 의해 교회 지도자들이 연행, 구속되었다. 같은 해 10월에는 아카시(明石) 교회, 교토남부(京都南部) 교회, 후시미(伏見) 교회 등이 교회폐쇄라는 궁지에 몰리게 되었다. 12월에는 태평양 전쟁 돌입에 따른 '비상조치'로 경찰의 특별고등과(特別高等科)에서 재일 조선인 일제검거를 시작하여 124명을 체포, 연행하였다. 그 중 아이치(愛知) 현은 11명, 오사카(大板)는 3명, 효고(兵庫)는 4명의 그리스도인이 포함되어 있다. 이러한 상황 가운데 일본인 목사가 재일조선교회의 주관자가 되어, 예배도 일본어로 행하도록 강요하였다. 그러므로 1945년 2월에는 교회 수 48, 신도 수 3,088명, 정교사는 25명 중 현지 거주자 12명으로, 보조교사 44명 중 현지 거주자 9명으로 감소했다.

▶ 재일대한기독교회(1945~)

하나님은 그 섭리가운데서 1945년 8월15일, 일본의 패전과 동시에 조선 민족과 교회를 해방하셨다. 해방된 조국으로 민족의 대이동이 있었다. 재일 조선인 대부분의 사람들은 귀국할 생각으로 그 준비에 여념이 없었다. 그런 가운데 해방 후의 재일대한기독교회의 재건이 시작되었다.

재일대한기독교연합회의 창립

일본에 남은 교직자 및 신도들은 1945년 10월 30일, 오사카(大阪) 교회에서 재일조선그리스도교연합회 창립 준비위원회를 개최하였다. 이 준비위원회를 거쳐 같은 해 11월 25일, 재일조선기독교연합회 창립총회가 교토(京都) 교회에서 개최되었다. 참가 교회 21, 출석자 47명(그 중 목사 3명)이었다. 교파를 초월한 연합회의 창립, 규칙의 제정, 일본기독교단으로부터의 탈퇴, 교회의 통폐합이 결의되었다. 그러므로 다음 해 9월의 정기총회는 이러한 현실에서 출발하게 되었다. 1947년, 제3회 정기총회에서는 연합회를 총회로 개칭하고 헌법과 신조를 제정하여 다음 해 제4회 정기총회에서 "재일대한기독교회총회"로 개칭하였다.

재일대한기독교회의 시동

1949년 2월, 캐나다 장로교회가 재차 재일한국인 선교에 가담하게 되어, L.L.Young일행이 내일(來日)하면서 선교비의 지원이 재개되었다. 1950년 12월 간사이(關西) 지방회, 6월 세이난(西南) 지방회, 1963년 10월 추우부(中部) 지방회, 1985년 세이부(西部) 지방회가 조직됨과 함께, 부인전도회(1949) 및 청년연합회도 이 시기에 재조직되어 총회는 선교활동의 기동적인 태세를 마련하였다. 1951년 7월에는 '기독신보(基督新報:복음신문의 전신)' 를 발행하여 문서전도에 기여하게 되었다.

　해방 후 수명의 교역자와 신도 약 300명으로 재출발한 총회가 선교 90주년을 맞이하면서 현재 91개소의 교회, 전도소가 있으며, 114명의 목사, 교역자와 신도 7,849명의 교단으로 성장하였음을 하나님께 감사드린다. 선교 90주년을 향하는 우리 총회에 지금도 많은 선교 과제가 위탁되어 있음은 하나님의 축복이다. 성령의 인도하심으로 복음선교의 사명이 실시될 것을 확신한다.

　현재 선교협약관계를 맺고 있는 한국의 교단은 기독교대한감리교, 기독교대한성결교회, 대한예수교장로교회(대신), 대한예수교장로교회(통합), 대한예수교장로교회(합동), 한국기독교장로회 등 6개 교단이며, 기타 일본기독교단, 일본그리스도교회, 미주한인장로회, 미국합동그리스도교회, 캐나다장로교회, 호주연합교회 등 6개 교단과도 선교협약을 맺고 있다.

〈1998년 10월10일 재일대한기독교단 선교 90주년 기념대회 자료집 발췌〉

일본선교 기도 정보

수도 : 도쿄(東京)
행정단위 수 : 671시(市), 23특별구(特別區), 2,562정촌(町村)
면적 : 377,847㎢
인구 : 125,860,006명
인구밀도 : 333.1명/㎢
교회 수 : 7,835개
한 교회가 담당할 인구 : 16,064명
교회 미설치 市 : 9곳(※한 교회만 있는 市 : 74곳)
교회 미설치 町村 : 1,734곳(그 중 인구가 2만 이상인 町村 : 75곳)
한국인 선교사 수 : 452명(350교회)

일본인의 종교와 조상숭배

일본의 종교통계를 보면, 전체인구는 약 1억 2,600만 명인데 종교인구는 약 2억 2,000만 명이나 되는 것으로 나와 있습니다. 그 대략을 보면, 신도(神道)계가 1억 900만 명, 불교계가 9,600만 명, 기독교계가 150만 명, 그외 모든 종교가 1,050만 명인데, 그 중 신도(神道)계에는 9,000만 명의 신사신도(神社神道)가 포함되며, 전국 방방곡곡에 있는 우지가미(氏神:그 고장의 수호신)의 우지고(氏子:같은 수호신을 믿는 사람) 일족의 총계입니다. 또한 불교계의 대부분은 소위 말하는 단가(檀家:절에 속하여 시주하는 집) 수로써 개인의 신앙은 고려되어 있지 않습니다. 다른 종교는 모르겠으나 기독교는 개인적인 신앙고백에 근거한 숫자입니다. 신도(神道)도 불교도 개인적인 자각을 묻는다면, 신자의 실제 숫자는 대폭 감소될 것입니다. 이러한 복합현상은 일본인에게는 당연한 것으로, 갓난아기가 태어나면 신사(神社)에서 참배하고, 적령기가 되면 교회에서 결혼식을 올리며, 임종하면 절에서 장례를 치르는 것이 지극히 보편적인 일본인의 생활 양식입니다.

연중행사에 있어서도 크리스마스는 교회에서 지내고, 섣달 그믐날에는 절에서 제야의 종소리를 듣고, 정초는 신도(神道)에 첫 참배 드리러 가는 것을 이상하게 생각하지 않습니다. 신사신도(神社神道)도 메이지(明治) 초기에 불교의 절과 억지로 분리시킨 결과 생긴 개념으로서 그 이전까지는 오랫동안 신불(神佛) 혼합(syncretism)의 상태가 계속되었습니다.

인도에서 시작된 불교는 이미 중국에서 도교(道敎)의 감화를 받아 많이 변질되었고, 그것이 종전의 일본인 고유신앙에 절충되어졌던 것입니다. 윤회전생(輪廻轉生)을 믿고 있는 인도에는 없었던 조상숭배라든가 피안(彼岸: 춘분, 추분의 전후 3일간을 합한 7일간 또는 그 계절)이나 추석 행사에서 지금도 남아 있는 사자(死者)와의 교류 등은 일본 고래(古來), 혹은 중국이나 한반도에서부터 전래된 것이라 생각됩니다. 일본인, 일본어, 일본문화 전반과 같이 일본종교도 몇 층이나 되는 패턴이 서로 겹쳐져서 때로는 불교, 때로는 신도(神道), 때로는 신흥종교의 형태를 취하면서 받아들여져 왔습니다. 그 공통요소야말로 조상숭배라고 하는 것이며, 이것에 어떻게 대처하는가 하는 것이 일본인에게 수용되는가 배척되는가의 포인트가 될 것입니다. 명확히 조상숭배를 거부하는 성경 신앙을 가진 복음주의적 기독교를 일본 열도에 보급하기 위한 최대 과제는 여기에 있습니다.

일본을 위하여

1일 일본인의 구원을 위해 기도하자. 4700만 세대, 1억 2600만의 일본인이 구원받도록. 각 가정의 누군가에게 어떤 방법으로든지 복음이 전달될 수 있도록. 오늘 아침 일본 전국의 신사(神社), 절에 첫 참배(하츠모데(初詣): 일본인들 8천만 명 이상이 정월 초하루에서 5일 사이에 부적을 사거나, 복을 빌려고 신불(神佛)을 찾아간다)를 하고 있는 사람들의 10%라도 올해 안에 교회를 찾아갈 수 있도록.

2일 해외에 있는 일본인들을 위해 기도하자. 세계 각 도시에 생기고 있는 일본인 크리스천들의 교제가 일본인 복음화를 위해 유효한 사역이 되도록. 모처럼 해외에서 믿기 시작한 일본인들이 일본 국내 교회에 연결되기 어려운 경우가 많다. 이들을 돕는 사역이 일본교회에 도움이 될 수 있도록.

3일 약 100만이라 불리는 재일외국인을 위해 기도하자. 크리스천 비율은 일본인보다 많다고 생각되나, 소위 기독교 국가 사람들이라도 명목뿐인 신자가 많다. 또한 자기나라에서는 복음을 접할 기회가 없는 외국인들이 일본에서 구원으로 인도되도록.

4일 일본 크리스천을 위해. 프로테스탄트 교회예배에 매주 출석하고 있는 평균 27만 명, 실질적으로 교회에서 소속되어 있는 약 54만 명의 신자가 신앙 위에 확실히 서서 힘있는 간증을 할 수 있도록. 또 그 가족들을 위해 기도하자.

5일 '왕을 위해 기도하라' 하는 성경의 구절처럼 천황과 황실의 구원을 위해 기도하자. 그들이 성경을 읽고 구원받아, 그 가르침에 순종할 수 있도록. 이 나라의 높은 지위에 있는 모든 사람들, 즉 장관이나 국회의원, 지방의원, 행정에 종사하는 공무원들이 구원받도록. 적은 숫자의 크리스천 정치가나 공무원들이 격려 받을 수 있도록.

6일 일본의 재계, 기업의 경영자들을 위해 기도하자. 그들의 부(富)가 바르게 쓰여지도록. 약 200만 이상의 기업 사장들 가운데서 구원받는 자들이 생기도록. 또한 일본의 학자나 지식인들을 위해 기도하자. 학문의 여러 분야에 걸쳐 연구자, 대학교수, 첨단기술에 종사하는 사람들이 그 성과를 잘못 사용하게 되는 실패로부터 지켜 주시고, 창조주 하나님을 알 수 있도록.

도청소재지 : 삿포로(札幌) 시
행정단위 수 : 34시(市), 178정촌(町村)
면적 : 78,416㎢
인구 : 5,691,737명
인구밀도 : 72.6명/㎢
교회 수 : 387개
한 교회가 담당할 인구 : 14,707명
교회 미설치 市 : 2곳(※한 교회만 있는 市 : 3곳)
교회 미설치 町村 : 116곳(그 중 인구가 2만 이상인 町村 : 4곳)
한국인 선교사 수 : 11명(6교회)

자연경관

일본의 북동쪽 끝에 있으며, 행정단위(都道府縣)중에서 가장 넓은 면적을 차지하고 있습니다. 동북(東北) 지방과 니가타(新潟) 현을 합한 것보다는 조금 작으나 큐슈(九州)의 두 배 정도로서, 외국과 비교하면 스위스, 덴마크를 합한 것과 거의 비슷한 넓이입니다. 동서남북 모두 450km, 하코다테(函館)부터 와카나이(稚內), 네무로(根室)까지 철도로는 각각 680km, 720km됩니다. 화산성 대지가 많으며 광대한 삼림으로 덮여 있습니다.

산업과 문화

다른 지역보다도 1차산업의 비중이 높으며, 그 생산물의 대부분이 전국 순위의 상위를 점유하고 있습니다. 에너지 혁명, 산업구조의 변화로 인해 탄광폐쇄, 철강, 조선, 어업, 축산 등의 기간산업은 모두 부진합니다만, 풍부한 자원과 넓은 토지를 잘 살리면 다양한 가능성을 인정받을 수 있는 곳입니다.

고대에 에조(蝦夷)라 불리워진 현재의 아이누족은, 조몬(繩文) 시대에는 일본 열도 전체에 이르렀고, 그 먼 조상은 일본인과 공통된 조상이라고 생각되고 있습니다. 가마쿠라(鎌倉) 시대부터 일본인이 이주하여, 에도(江戶) 시대에는 마쯔마에한(松前藩)이 남부를 지배하고, 드디어 에도 막부(江戶 幕府)가 전도(全道)를 직할하게 되었습니다. 메이지(明治) 이후 부현제(府縣制) 아래 편성되었습니다.

도전과 희망

에도 시대, 박해를 피해 도망친 기리스탄(16세기의 가톨릭 신자)들이 마쯔마에(松前) 반도에서 붙잡혀 센겐다케(千軒岳)에서 순교했습니다. 막부(幕府) 말기, 개항된 지 얼마 되지 않은 1861년(文久元年)에는 러시아정교회 선교사 니콜라이가 하코다테(函館)에 상륙하여 금교령(禁教令) 아래에서 일본 연구에 몰두하다가 일단 귀국, 수년 후 다시 일본으로 들어왔습니다. 전도의 본거지는 동경에 두었고 동북, 북해도에서 과감한 선교활동을 전개했습니다. "Boys be Ambitious for Christ"로 유명한 크라크 박사의 감화는 너무나도 유명합니다.

홋카이도는 대륙적 풍토, 식민자(植民者)의 기풍이 어울려 복음을 수용하기 쉬운 환경인 반면, 달리 의지할 것을 갖고 있지 않은 사람들의 정신적 일치를 지탱하기 위해 신도국가주의시대의 잔재인 홋카이도신궁(北海道神宮)이나 거주지 단위의 신사제전(神社祭典)의 부활 등에 기대를 가질 위험성이 있습니다.

홋카이도를 위하여

7일 홋카이도 선교에 바쳐진 선조들의 노고에 감사하며 뿌려진 복음의 씨앗이 각지에서 성장할 수 있도록 기도하자. 냉혹한 추위, 인구 과소화(過疎化), 어려운 경제 때문에 어려움을 겪고 있는 교회, 무목(無牧)교회나 그 성도들의 필요가 채워지도록.

8일 홋카이도 선교간담회의 결속과 홋카이도 전도회의의 개최를 위해서. 홋카이도 방송을 통한 TV 'Life Line', 라디오 '세상의 빛', 홋카이도 매스컴 전도센터(호렌코)의 활동에 의해 복음이 벽지에까지 전달될 수 있도록.

9일 홋카이도 크리스천 센터(삿포로), 히다카(日高) 바이블 캠프장, 모라이(望來) 크리스천 캠프장 등이 유효하게 활용되도록.
라이프 센터(삿포로, 아시히가와, 하코다테), CLC(삿포로) 등 기독교 서점을 위해.

10일 기독교 학교, 이아이(遺愛) 학원 재단의 하코다테(函館) 소재 여자중·고등학교, 호쿠세이(北星) 학원 재단의 삿포로 소재의 대학, 여자전문대, 남·여고, 중학교, 요이치(餘市) 소재의 고교, 와카나이(稚內) 소재의 전문대, 그리고 라쿠노(酪農) 학원 재단의 에베츠(江別) 소재의 대학, 전문대, 고교 등이 복음의 감화를 충분히 줄 수 있도록.

11일 기독교 병원 의료시설, 즉 천사병원(삿포로), 루가병원(삿포로), 글로리아 크리닉, 청십자 사미리아관 등을 위해. 복지시설인 신애원(삿포로), 홋카이도 가정학원(엔가루) 등을 위해.

12일 탄광의 폐광으로 인구가 격감하기는 했으나 아직 교회 미설치 지역인 아카비라(赤平), 우타시나이(歌志內), 두 도시와 전도(全道) 186중 117개나 되는 교회 미설치 정촌(町村)에 교회가 생기도록. 특히 인구가 많은 오토후케(晉更), 가미이소(上磯), 마쿠베츠(幕別), 시라오이(白老) 이 네 곳(모두 인구가 2만 명 이상)을 위해. 또한 정치적, 국제적 과제인 북방 영토의 영유(領有)가 결정된다면 그 곳에 살고 있는 사람들에게도 복음이 전해지도록.

학생·청소년을 돌보자

이전에는 인구의 큰 비율을 차지했던 어린이 수가 풍부함과 번영 속에 점점 줄어들고 있습니다. 1999년 연소인구지수(年少人口指數:15~64세의 인구에 대한 0~14세의 인구 비율)는 21.8입니다. 1990년의 조사에서는 26.2로, 이 수치는 과거 50년 간의 거의 절반에 해당합니다. 이것은 분명 소자화(少子化)의 결과이며, 연소자의 사망률 저하라는 사실도 있습니다. 어린이들이 성장하여 어른이 되기 때문에 전도대상으로 그들을 위해 끊임없이 기도해야 하는 것입니다.

일본은 세계에서 가장 취학율이 높습니다. 의무교육인 초·중학교는 물론 취학 전에 대부분의 아동이 보육원, 유치원에 다니며, 고등학교 진학률은 95%, 대학 및 전문대학은 81%를 나타내고 있습니다. 특히 신앙으로 인도되는 기회가 가장 많은 15~16세부터 22~23세 청소년층을 붙잡기 위한 적극적인 프로그램이 필요합니다. 고등학교부터 대학에 다니는 사람들이 이 연령층입니다. 성인의 날(1월 두 번째 월요일)을 끼고 있는 이 기간에 20세 전후의 청년들인 대학생들을 위해, 또 그들을 위해 봉사하고 있는 전도단체의 일꾼들을 위해 기도합시다.

동북지방(東北地方)

선교의 설정

동북지방은 관동지방의 2배, 시코쿠(四國)의 3.5배 면적이지만, 인구는 관동지방의 3분의1이하이고, 도쿄도(東京都)의 인구보다 적습니다. 센다이(仙台)나 고오리야마(郡山)와 같은 대도시 외에는 지방산업이 인구를 흡수하기가 힘들기 때문에, 농어촌에서는 한창 일할 나이인 사람들이 그 토지를 떠나버리고 맙니다. 일시적인 계절노동자를 포함하여 인구 유출은 이후로도 계속될 것입니다. 한 교회당 인구밀도가 전국 평균보다 낮은 곳은 후쿠시마(福島) 현으로, 이 곳은 전체적으로 한 교회당 인구는 18,345명이라는 교회 과소(過疎) 지방입니다. 경제적으로 자립이 힘든 농어촌 전도에 큰 공헌을 한 것은 몇 개의 외국 선교단체입니다. 미전도 지역을 목표로 전후 개척을 시작한 이 단체들도, 동경으로 나간 신자들을 위해 동경에도 교회를 설립해야만 했습니다. 도회지로 나간 신자들은 고향 교회와 그 곳의 전도에 많은 부담을 가지고 있습니다. 동북 지방에는 옛날에는 기리스탄, 메이지 초기에는 러시아 정교(하리스토스 정교회)의 열심 있는 전도가 있었고 지금도 그 영향이 남아 있습니다. 또한 메이지 이후 뛰어난 교회 지도자들이 배출되었습니다. 이 후에도 큰 기대를 가질 수 있는 지역입니다.

13일 1947년 일본 대학생 사이에서 일어났으며, 약 250 대학에서 성경공부 모임, 기도회 등을 가지고, 전국 8지구에서 대학 간의 교제나 하계학교 등을 행하고 있는 그리스도학생회(KGK)를 위해 기도하자.

14일 1984년 재출발하여 동경, 오키나와, 나고야, 오사카, 후쿠오카에서 학생 전도를 하며, 해외와의 협력 네트워크의 이점을 살려 제자훈련 프로그램을 폭넓게 추진하고 있는 일본CCC를 위해 기도하자.

15일 '제자만들기'를 목표로, 개인 접촉에 의한 전도를 추진하여 동북, 관동, 시즈오카, 한신(阪神), 각 지구에서 스태프들이 "전하고, 양육하고, 준비시키자"라는 사역을 계속하고 있는 국제 네비게이토를 위해 기도하자.

16일 도쿄, 오사카를 중심으로 젊은이의 전도, 제자훈련, 교회개척, 그 밖의 사역을 추진하고 있는 국제적인 선교단체 YWAM(Youth With A Mission)를 위해 기도하자.

17일 동북 6현에 있는 538교회를 어려움 중에서도 하나님이 지켜 주시도록. 다른 지방에는 없는 겨울의 혹독함, 눈과의 싸움, 인구 유출 등 여러 과제들도 믿음으로 극복할 수 있도록. 성인들이 도회지로 떠나지 않고, 그 곳에 거할 수 있는 조건들이 갖추어지도록. 인내로써 봉사하고 있는 외국 선교단체와 선교사들을 위해.

18일 교회가 하나도 없는 야마가타(山形) 현의 오바나자와(尾花澤) 시와 242개 마을에 교회가 생기도록. 적어도 인구 2만 이상 되는 7개 마을에 교회가 필요하다. 시(市) 중에서도 한 교회밖에 없는 7시에는 교회가 더 있으면 좋겠다. 전체적으로 교회 과소(過疎)경향이 크므로 개척교회가 늘어나도록 기도하자. 동북지방 중에서도 이와테(岩手) 현 등 산간지방은 특별한 방책이 세워질 수 있도록.

아오모리(青森) 현

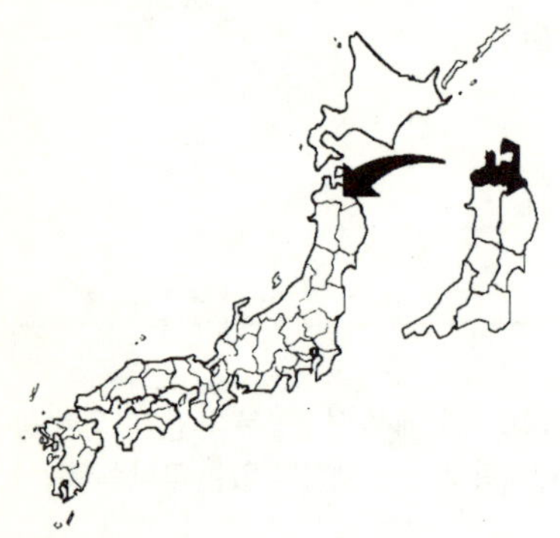

현청소재지 : 아오모리(青森) 시
행정단위 수 : 8시(市), 59정촌(町村)
면적 : 9,606㎢
인구 : 1,504,358명
인구밀도 : 162.7명/㎢
교회 수 : 79개
한 교회가 담당할 인구 : 19,043명
교회 미설치 市 : 없음(※한 교회만 있는 市 : 없다)
교회 미설치 町村 : 46곳(그 중 인구가 2만 이상인 町村 : 1곳)
한국인 선교사 수 : 2명(2교회)

자연경관

오우(奧羽) 산맥을 줄기로 둘로 나뉘어, 태평양에 접한 동쪽은 겨울에 맑게 갠 날이 많고 눈은 적으나, 여름은 야마세(山背 : 산 넘어 내리부는 건조한 바람)라는 찬바람과 진한 안개로 인해 농작물의 피해를 받는 경우가 있습니다. 일본해에 접한 서쪽은 겨울에는 눈이 많이 와서 피해가 크고, 여름은 맑은 날이 많아 동쪽과는 대조적이나 한랭지의 어려움은 동일합니다.

산업과 문화

아오모리(青森)라 하면 사과 생산량이 일본전국의 절반을 점유하여 제1위이고, 수산물로는 오징어, 고등어 통조림이 함께 3할로 제1위입니다. 중공업이 적으며, 동기(冬期)의 추위와 눈 때문에 많은 노동력이 대도시로 돈벌이를 하러 떠납니다. 과소지역의 활성화를 도모한 무츠 시의 원자력발전 핵폐기물 처리문제는 공해와 오염의 문제점을 가지고 있어서 양날의 칼처럼 어려움이 큽니다. 혼슈(本州)의 최북단이기 때문에 예로부터 '미치노구(陸奧)' 라고 불리웠습니다. 세

이칸(青函) 터널 개통에 따라 변방이라는 느낌은 줄었지만 일상생활, 특히 관혼상제 등에서 볼 수 있는 인습의 뿌리깊음과, 미국인이나 자위대 관계자가 많은 기지촌문제는 미사와(三沢) 시에서도 변함이 없습니다. '초대면(初對面)의 사람과 만나는 것은 마음이 무겁다' 라고 생각하는 사람들이 전국에서 제일 많다고 합니다. 그만큼 보수적이고 적극성이 부족한 반면 인내력이 뛰어나며 인간관계의 친밀감은 깊습니다.

도전과 희망

동북3대 축제의 하나인 '네부타(8월 3~7일)', 영매(靈媒) '이타코' 의 공수무당(죽은 자의 넋이 무당에게 옮겨와서 말하는 것)으로 유명한 '오소레산(恐 山)', 지금도 신앙의 대상인 이와키 산(岩木 山)을 비롯해 '오시라사마(뽕나무 가지로 만든 남녀 한 쌍의 양잠의 神)' 등의 민간 신앙이 뿌리깊게 사람들을 지배하고 있으며, 제례는 물론 일상 참배행사에 어린이를 포함해 지역이나 가족 전체가 참가하는 일도 드물지 않습

니다. 기리스탄 시대에는 츠가루(津輕) 번주(藩主)가 개종하여, 다수의 신자들이 있었다는 기록이 있습니다. 메이지 초기에 요코하마에서 입신한 혼다 요이치(本田庸一)는 후에 일본 감리교회 초대 감독이 되었는데, 그가 히로사키(弘前)에 창설한 토오기쥬우쿠(東奧義塾)는 많은 크리스천 인재를 키워냈습니다. 성결교회 창립자인 나카다 쥬지(中田重治)도 히로사키 출신으로 국내외에 큰 영향을 끼쳤습니다. 혼다가 미국에서 초빙한 선교사 Ing가 처음 소개한 사과가 지금은 아오모리 현을 대표하는 생산물입니다. 제2차 세계대전 후에도 해외에서 온 선교사들이 큰 공헌을 했습니다.

아오모리 현을 위해서

19일 기후, 풍토, 생활습관 등의 어려움 때문에 가끔 무기력해지기 쉬운 곳이다. 적은 크리스천 무리들이 인내하며 복음의 씨뿌리기, 양육, 수확을 계속할 수 있도록. 그것을 위한 경제적 필요가 채워지도록.

20일 지역마다 교회 협력이 추진되도록. 미사와(三沢) 지구의 미사와 기독전도협력회의 사역을 위해. 아오모리 현의 방송전도를 돕는 아오모리 현 방송전도 협력회를 위해.

21일 크리스천을 위한 캠프장, 모야(雲谷)의 아오모리 크리스천 센터가 효과적으로 운영되도록. 아오모리, 히로사키에 있었던 기독교 서점은 모두 폐점되었다. 문서전도와 신앙인을 위한 문서활동을 위해 여러 어려움이 잘 극복될 수 있도록.

22일 기독교 정신의 학교, 토오기쥬우쿠(東奧義塾: 히로사키 남자고등학교), 히로사키 학원 (여자대학, 전문대학, 고등학교)을 위해. 프로테스탄트계 학교가 없어져 버린 남부지방에도 기독교 교육을 할 수 있는 학교가 생기도록.

23일 크리스천 의료시설이 적은 가운데 건투하고 있는 히로사키에 있는 이시자와(石沢) 내과, 위장과 병원을 위해. 각지에 있는 교회 경영의 보육원들이 그리스도의 사랑을 풍성히 나타내고, 유아들에게 복음이 전달될 수 있도록.

24일 교회가 아직 없는 46마을에 교회가 생기도록. 그 중에서도 인구 2만 명을 넘는 히라가 (平賀) 마을이나, 지역 내에 교회가 하나도 없는 나카츠가루(中津輕 郡) 군, 시모기타 (下北) 군의 어딘가에 주님의 손이 닿을 수 있도록. 한 교회당 인구가 9만을 넘는 산노헤(三戸) 군의 어느 마을이든지 한 교회가 더 생길 수 있도록.

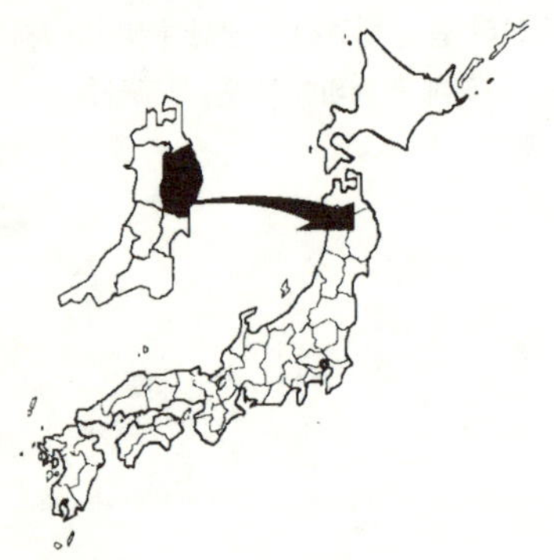

현청소재지 : 모리오카(盛岡) 시
행정단위 수 : 13시(市), 46정촌(町村)
면적 : 15,278㎢
인구 : 1,427,987명
인구밀도 : 93.5명/㎢
교회 수 : 55개
한 교회가 담당할 인구 : 25,963명
교회 미설치 市 : 없음(※한 교회만 있는 市 : 5곳)
교회 미설치 町村 : 36곳(그 중 인구가 2만 이상인 町村 : 2곳)
한국인 선교사 수 : 없음

자연경관

홋카이도를 제외하면 면적은 최대, 인구밀도는 최소인 이와테(岩手) 현은 전형적 과소(過疎) 현입니다. 중앙을 차지하는 북상 고지대는 일본의 티벳이라 불리며, 태평양 연안은 리아스식해안(톱니처럼 극히 복잡한 해안선)으로 거의 평야가 없습니다. 오우(奧羽) 산맥으로 아키다(秋田) 현과 분리되는 현 서부의 기타가미(北上) 강을 따라 분지가 이어지는 곳에 인구가 집중하고 있습니다. 교통로도 남북을 관통하는 것이 이 한 선뿐이며 동서를 가로지르는 교통은 지금도 난관로입니다.

산업과 문화

태평양에 면하고 있기 때문에 육상교통이 불편하고, 수산업의 수익은 미야기(宮城) 현, 아오모리(青森) 현에 미치지 못합니다. 농업도 경지 면적 비율이 낮고, 고원(高原)이 많기 때문에 수확량이 많은 것은 없습니다. 지형을 살린 생옻, 용담(龍膽) 수확량은 전국의 절반을 넘어 수위를 차지하며, 임업은 북해도를 빼면 1위입니다.

동북 신간선 개통으로 활기를 띤 모리오카 시는 아오모리까지 연장됨으로 다소 쇠퇴를 피할 수는 없지만, 그래도 센다이(仙台), 도쿄까지의 시간단축 혜택은 적지 않습니다. 냉한 기후로 인해 생산성이 낮기 때문에, 옛날부터 생활의 어려움이 있었습니다. 1인당 소득 수준은 아오모리, 아키타보다 낮아서, 하위로부터 11위입니다. 하지만 냉엄한 자연풍토는 뛰어난 학자, 정치가, 작가, 미술가를 탄생시켰습니다. 최근 새롭게 평가되고 있는 미야자와 겐지(宮澤 賢治:세계적인 애니메이션 작가)도 그 중 한 사람으로 이 현 특유의 배경이 영향을 주고 있다고 생각됩니다.

도전과 희망

현재 히라이즈미(平泉) 시를 중심으로 후지와라(藤原) 씨가 동북 일대를 지배했던 황금시대는 백 년 간 계속되었습니다. 그 정신적 지주는 불교였으나 일반 민중 가운데는 민간신앙이 혼합되어 있습니다. 전국시대 말기, 다테한(伊達藩) 아래 꽤 많은 기리스탄 신도가 있었습니다.

기리스탄 탄압 속에서 선교사의 동북 포교를 지원한 고토쥬안(後藤壽庵)은 다테마사무네(伊達政宗)에게서 추방당했고, 그 유적은 현 남쪽의 미즈사와(水澤)에 남아 있습니다. 메이지 시대의 금교령 해제와 동시에 많은 가톨릭, 정교회, 프로테스탄트 선교사들이 파견되었습니다. 제2차 세계대전 이전의 성결파, 전후(戰後)는 일본 기독교단 '호리네스의 무리'의 지도자였던 요도바시 교회 목사 오바라토사지(小原十三司)는 현 중부 도와마치(東和町) 출신으로, 그 외에도 이 지역은 많은 기독교 지도자들을 탄생시켰습니다. 기타가미(北上) 강 유역의 인구 집중 지역을 주축으로 선교의 진전을 도모할 가능성은 충분합니다.

이와테 현을 위해서

25일 희망을 가지고 계속 선교 사역을 하는 과소지역 교회가 힘이 생기도록. 진학이나 취업을 위해 대도회지로 전출하거나, 돈벌이로 장기간 부재중에 있는 교회 성도들의 신앙생활이 건전하게 지속될 수 있도록.

26일 도회지로부터 되돌아오는 신자가 늘어나도록. 그들에게 필요한 직장이 준비되고, 젊은 세대의 성도들도 그 지역에 머물 수 있는 산업개발이 진전되도록.

27일 모리오카(盛岡) 시에 있는 기독교 센터 선린관(善隣館)의 사역과 거기에 있는 이와테 현 유일의 기독교 서점을 위해. 이와테 방송을 통해 라디오 프로그램을 보내고 있는 '세상의 빛' 방송이 교회가 없는 마을이나 과소 지역의 선교에 도움이 되도록.

28일 기독교 정신의 학교, 모리오카(盛岡)(대학, 전문대, 고등학교), 무꼬나카노(向中野) 학원 (모리오카 여고), 호마레(頌美) 학원(쿠지(久慈)의 아렌 전문대, 중학·초등학교)의 운영, 발전을 위해. 이들 학교에 크리스천 교사가 채워지도록.

29일 기독교 정신의 의료기관이 거의 없기 때문에 반드시 생기도록 기도하자. 니헤(二戸) 군과 이치노헤(一戸) 군에 있는 장애자를 위한 시설인 오쿠나카야마(奧中山) 학원, 작은 숲의 마을(森の山), 산아이(三愛) 학사 고교의 사역을 위해 기도하자.

30일 아직 교회가 없는 36마을에 빨리 교회가 생기도록. 특히 인구 2만을 넘는 야하바(矢巾) 마을, 야마타(山田)마을에 생기도록. 한 교회당 인구가 6만을 넘는 시모헤이(下閉伊) 군의 어딘가에 교회가 필요하다. 또 교회가 하나밖에 없는 5개의 市중 인구 3만을 넘는 구지(久慈) 시, 에사시(江刺) 시에는 한 교회가 더 있으면 좋겠다.

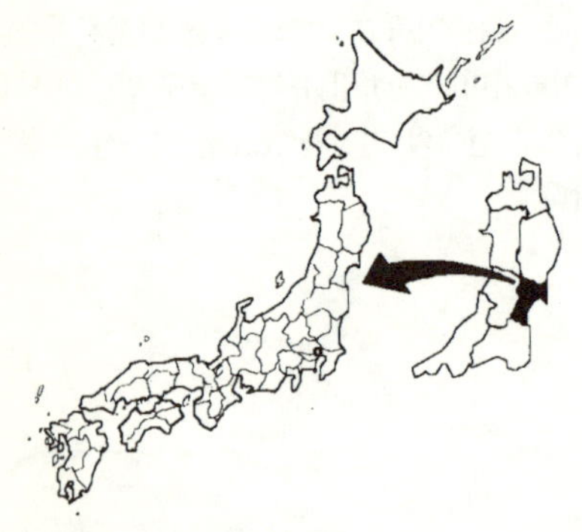

현청소재지 : 센다이(仙台) 시
행정단위 수 : 10시(市), 61정촌(町村)
면적 : 7,285㎢
인구 : 2,340,145명
인구밀도 : 321.2명/㎢
교회 수 : 139개
한 교회가 담당할 인구 : 16,836명
교회 미설치 市 : 없음(※한 교회만 있는 市 : 1곳)
교회 미설치 町村 : 38곳(그 중 인구가 2만 이상인 町村 : 1곳)
한국인 선교사 수 : 2명(1교회)

자연경관

동쪽은 태평양, 다른 삼면은 이찌노세키(一の關) 평야, 오우(奧羽) 산맥, 아부쿠마(阿武隈) 고지 북부로 둘러싸여 있습니다. 중앙은 다소 구릉지를 포함해 센다이 평야가 펼쳐져 있으며, 센다이 시를 중심으로 인구가 집중되어 있습니다. 북부 해안은 삼륙 해안으로 이어지고, 긴카(金華) 산이 있는 오시카(牡鹿) 반도부터 서쪽에는 센다이 만(灣)이 들어가 있으며, 일본 삼경(三景)의 하나인 마츠시마(松島)의 절경을 볼 수 있습니다. 기후는 동북지방으로서는 온난한 편이고, 평지에는 눈도 별로 없습니다.

산업과 문화

평야가 많고 기후도 온화하기 때문에 인구가 집중되어, 최근에는 2차 산업이 활발해졌습니다. 센다이 동부와 남부에는 공업단지가 조성되어 있고, 항만 정비도 진전되고 있습니다. 시오가마(鹽釜), 이시노마키(石卷), 오나가와(女川), 게센누마(氣仙沼) 등의 항구에서의 어획량, 마츠시마(松島) 만의 굴 양식 등 수산업의 생산액은 전국에서도 상위입니다. 한편 농업 생산액도 큰 비중을 차지하고 있는데, 사사니시키(동북지방에서 재배되는 양질의 쌀 이름)로 대표되는 쌀 수확량은 홋카이도, 니이가타 현, 아키타 현 다음가는 수준입니다. 경제활동은 동북 6현 중에서 다른 현을 훨씬 앞지르고 있습니다. 역사적으로는 도쿠카와 시대부터 이타지한(伊達藩)의 지배 아래 안정된 생활을 영위했습니다. 초기에는 유럽 사절단을 로마에 보내는 등 진취적인 면도 보였습니다만, 봉건제 아래에서 전통을 지키는데 머물러 오고 있습니다. 센다이가 정령(政令) 도시로 지정되어 급속히 도시화가 진행되면서, 지방적인 소박함을 잃어버리고 물질주의적 경향이 강해지고 있습니다.

도전과 희망

기리스탄 금지령의 해제와 함께 러시아 정교의 열심 있는 전도가 있었고, 계속하여 프로테스탄트 선교사도 들어왔습니다. 센다이에는 미션 스쿨이 몇 개나 세워졌기 때문에 기독교에 대한 수용도는 높은 수준입니다. 의식조사에 의하면 동북지방의 다른 현에 비해 종교성은 낮으며, 신도(神道), 불교의 영향은 강하지 않지만, 다나바타(七夕)를 비롯한 민간무속은 사회에 깊이 침투되어 있습니다. 제2차 세계대전 후 미국으로부터 들어온 보수 침례교 선교단은 센다이를 근거지로 하여 동북 각 현으로 사역을 넓혀 신학교나 출판 활동도 시작했습니다. 센다이에는 모든 교파의 교회가 있으며, 그 중에는 경제 및 봉사자가 부족한 과소지역의 교회를 도울 수 있는 교회도 조금씩 늘어가고 있습니다. 교파·교회 간의 협력도 기대할 수 있는 지역입니다.

미야기 현을 위해

31일 센다이권 복음주의 목사회의 교제와 사역을 위해서. 주요 교파의 대부분이 모여 있는 센다이를 중심으로 한 기독교회의 폭넓은 연계를 도모하는, 센다이 지구 기독교협의회를 위해. 1963년 창립된 센다이침례신학교, 1952년 아키타에서 창립되어 센다이로 옮긴 루터 동포 성서신학교를 위해서.

1일 센다이 학생 센터, 리후(利府)에 있는 기독교 모리고(森鄕) 캠프장 등의 시설이 효과적으로 운영되도록. 라이프 센터 센다이 서점, 센다이 기독교 서점을 위해. 또한 서점의 혜택을 받지 못하는 지방교회에의 서비스가 잘 될 수 있도록.

2일 미야기 현에서도 TV전도프로그램을 볼 수 있도록. 동북방송에서 보내고 있는 2개의 라디오 프로그램 '세상의 빛 약동의 시간' (태평양 방송협회), '참된 구원' (일본복음선교회)을 위해.

3일 미션스쿨인 동북학원(센다이: 대학, 남고·중학교), 미야기(宮城) 학원(센다이: 여자대학, 전문대, 고교, 중학교), 쇼케이(尙絅) 여학원(나토리(名取): 전문대, 센다이: 고교, 중학교) 등을 위해.

4일 기독교 정신의 의료시설이 적은데, 히카리가오카(光が丘) 스펠만 병원(센다이)을 위해. 복지시설인 센다이 기독교육아원, 센다이 유아원, 고마츠시마 어린이의 집을 위해. 노인 케어 하우스인 미나미산리쿠(南三陸) 킹즈 가든을 위해.

5일 교회가 하나도 없는 38곳의 마을, 특히 인구 2만을 넘는 코로타쵸(小牛田町), 한 교회도 없는 오시카(牡鹿) 군에 빨리 교회가 생기도록. 한 교회당 인구가 9만을 넘는 모노우(桃生) 군, 5만을 넘는 와타리(亘理) 군, 4만을 넘는 모토요시(本吉) 군, 또한 한 교회밖에 없는 이와누마(岩沼) 시에 교회가 하나 더 생기도록.

아키타(秋田) 현

현청소재지 : 아키타(秋田) 시
행정단위 수 : 9시(市), 60정촌(町村)
면적 : 11,612㎢
인구 : 1,209,196명
인구밀도 : 104.1명/㎢
교회 수 : 54개
한 교회가 담당할 인구 : 22,393명
교회 미설치 市 : 없다(※한 교회만 있는 市 : 1곳)
교회 미설치 町村 : 50곳(그 중 인구가 2만 이상인 도시 : 1곳)
한국인 선교사 수 : 없음

자연경관

3면이 시라가미(白神) 산지, 오우(奧羽) 산맥, 쵸카이(鳥海) 산과 가무로(神室) 산지로 인접한 현과 나뉘어지고, 서쪽은 일본해에 면하고 있습니다. 동서 약 40km, 남북 약 160km의 지역입니다. 3개의 분지를 포함한 내륙부와 노시로(能代), 아키타(秋田), 혼죠(本莊) 등의 평야를 포함한 해안부가 데와(出羽) 산지를 끼고 대조적으로 놓여 있습니다. 요네시로(米代), 오모노(雄物)의 2대 하천이 이 분지 평야를 관통하고 있습니다. 겨울 기온은 태평양쪽보다 높지만 적설량이 많은 것이 난점입니다.

산업과 문화

아키다스기(秋田杉)로 알려진 임업과 쌀농사, 수많은 광산과 석유나 천연가스의 산출을 포함한 1차산업 인구가 상당히 높은 비율이었으나 자원보호정책과 생산성 향상을 위해 1차산업 인구는 감소되고, 그 반면 목재가공, 전국 제1위의 칠기제품가구(이나가와(稻川) 마을의 특산품인 불단(佛壇)이 포함된다), 상질의 물과 쌀로 만드는 일본주(酒) 등 2차산업이 활발합니다. 아키타(秋田) 시, 오가(男鹿) 시 두 도시에 걸쳐 있는 임해공업지대의 조성이 기대되고 있습니다. 해상교통이 유일한 대량 고속 수송수단이었던 시대에는 일본해 연안이 태평양 연안보다도 번영하였습니다. 겨울에 눈이 많다는 장애는 있지만, 고속자동차도로, 미니 신간선 개통으로 지리적으로 동떨어진 감은 적어졌습니다. 동북 일반의 내향성, 인내심이 강한 점은 절대 다른 현에 뒤떨어지지 않습니다. 근친자끼리의 친밀도가 상당히 높으며, 어느 의식조사에서는 현민(縣民) 의식이 오키나와에 이어 제2위라고 합니다.

도전과 희망

오래 전부터 진자(神社)나 절의 지배가 강하며 '아키타간토(秋田竿燈 : 아키타 市에서 8월5일~7일 긴 대나무에 수십 개의 등을 달아 행진하는 칠석날의 행사)', '나마하게(오가 시에서 음력 정월 대보름날이 되면, 가장을 하고 집집을 방문하여 술, 음식을 접대 받는 행사. 지금은 전국적으로 행하여짐)' 등 민간무속도 현민들의 생활에 크게 침투해 있습니다. 기리스탄은 아키타에서도 활발했습니다만, 프로테스탄트 선교는 1884년(메이지 17년)에 디사이플파 선교사에 의해 시작되었습니다. 조상숭배, 가족의식, 의리와 인정에 얽힌 인간관계 등으로 선교에 어려움이 있는 것은 전국이 마찬가지이지만 일단 받아들이면 신실한 신앙을 기대할 수 있습니다. 가톨릭계이지만 미션스쿨이 있고, 농촌지대에서 착실히 전개해 온 방문전도 등이 이룩한 역할은 적지 않습니다. 최근 지방에서도 많아진 교회식 결혼식의 수요, 교회가 뒷받침하여 추진되고 있는 고령자 복지시설의 건설 등은 앞으로의 희망을 내포하고 있습니다.

아키타 현을 위해

6일 현 내의 54교회가 건전히 성장할 수 있도록. 아키타를 거점으로 개척전도를 추진해 온 루터동포선교단의 사역에 감사하며, 탄생한 모든 교회가 발전할 수 있도록. 아키타 시 내 목사회, 주요한 복음파 모든 교회가 연계하고 있는 아키타 현 전도협력회의 사역을 위하여. 초교파 운동이 오히려 교회간의 일치를 손상시키는 결과가 되지 않도록.

7일 현 내에서는 아직 볼 수 없는 TV에 의한 전도방송이 생기도록. 아키타 방송으로부터 주 1회 15분의 라디오방송 '세상의 빛' (태평양 방송 제공)이 충분히 활용되도록.

8일 크리스천을 위한 캠프장이나 숙박시설이 현 내에 없기 때문에 반드시 주어지도록. 기독교 서점인 CLC 아키타 서점의 경영과 활동을 위해 필요가 채워지도록.

9일 미션스쿨이 없기 때문에 부득이 가톨릭계 성령학원(아키타:여자전문대, 고교, 중학교), 미소노(聖園) 학원(아키타: 여자전문대)에서 배우는 학생들을 위해. 프로테스탄트계 학교도 일어날 수 있도록. 기독교 정신의 의료시설인 슈난(秋南)병원을 위해.

10일 교회 미설치 지역인 50개의 마을, 특히 인구 2만을 넘는 덴노마찌(天王町)에 교회가 생기도록. 인구 4만을 넘는데 교회가 하나밖에 없는 가즈노(鹿角) 시에 한 교회가 더 생기도록. 한 교회당 인구가 12만을 넘는 센보쿠(仙北) 군의 12마을 어딘가에, 마찬가지로 5만을 넘는 유리(由利) 군과 야마모토(山本) 군에 한 교회가 더 생기도록 기도하자.

11일 제2차 대전 이전에 이 날은 가공의 일본 신화에 따른 건국기념일로서 기원절이라고 불리웠으나, 전후 이름을 바꾸어 '국민의 축일' 로 만든 것은 안타까운 일이다. 천황중심 사상과 신도국가주의에 관련되어 근거 없이 만든 축일이라 기독교계는 이 날을 신교(信敎)의 자유의 날로 지키며, 야스쿠니진자(靖國神社) 문제에 대해 공부하며 항의하는 행사들을 갖는다. 신앙의 자유를 위해 야스쿠니진자 문제에 대처하고 있는 야스쿠니진자 국영화반대 복음주의 기독자 모임의 사역을 위하여. 또한 이 시기에 각지에서 열리는 신교(信敎)의 자유에 관한 집회를 위해 기도하자.

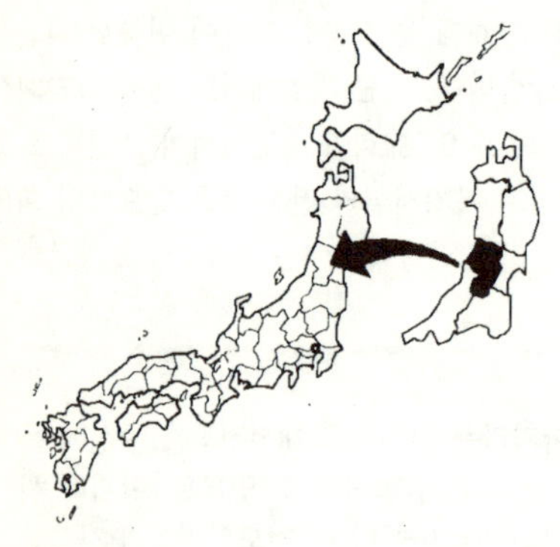

현청소재지 : 야마가타(山形) 시
행정단위 수 : 13시(市), 31정촌(町村)
면적 : 9, 323㎢
인구 : 1,249, 165명
인구밀도 : 134. 5명/㎢
교회 수 : 73개
한 교회가 담당할 인구 : 17,112명
교회 미설치 市 : 11곳(※한 교회만 있는 市 : 없다)
교회 미설치 町村 : 24곳(그 중 인구가 2만 이상인 도시 : 1곳)
한국인 선교사 수 : 2명(2교회)

자연경관

동쪽은 오우(奧羽) 산맥을 경계로, 서부는 데와(出羽), 아사히(朝日), 이이다(飯豊) 산지, 그 사이에 모가미(最上) 강 유역의 신죠(新庄), 야마가타(山形), 요네자와(米澤) 분지가 대부분을 차지하고 있습니다. 해안은 모가미(最上) 강 하류의 쇼나이(庄內) 평야를 제외하면 산지가 막혀서 도로, 철도는 지금도 험한 어려운 곳입니다. 내륙부는 겨울에는 춥고, 여름에는 더운 분지형 기후이지만 일본해의 영향으로 눈이 많습니다. 데와산(出羽三) 산이나 동쪽의 현(縣) 경계의 자오(藏王) 산, 남부 경계의 아즈마(吾妻) 산 등 화산이 많고 온천도 각지에 있습니다.

다. 전국 수위의 앵두, 서양 배 외에 포도, 사과, 수박이 모두 3위입니다. 전통적인 견직물로 번창한 요네자와(米澤)나 츠루오카(鶴岡), 야마가타(山形)나 사카타(酒田)의 철, 전기공업항으로서의 개발, 발전이 기대됩니다. 동북 특유의 보수적이고 강한 인내의 기질이 있는 반면, 의리, 인정이 깊음은 결신 후의 지속성을 확실하게 하고 있습니다. 매년 도시화가 진척되고 있으나 아직 촌락적인 문화와 인간관계가 농후하게 남아 있기 때문에, 한 사람의 결신자가 주위에 끼치는 영향은 도회지에는 없을 정도로 강하게 작용합니다.

산업과 문화

산업의 주체는 농림업이지만, 삼림은 침엽수가 적고 수익이 많지 않습니다. 가경작지의 개발율이 높고, 분지 특유의 선상지(扇狀地:강물이 산중턱으로부터 흘러내려, 평야나 분지에 이르는 곳에 모래자갈로 된 부채꼴 모양의 농지를 만들어 놓은 곳)에 적합한 과수의 생산이 잘됩니

도전과 희망

일반적 불교나 신사신도(神社神道)보다 데와산잔(出羽三山 : 갓(月) 산, 유도노(湯殿) 산, 하구로(羽黑) 산)을 중심으로 한 산악종교가 더욱 주변에 큰 영향을 주고 있습니다. 그 기원은 아주 오래 전이며, 외래불교가 들어가지 못했던 지역에도 일부 있을 정도입니다. 전통적인 불교는

가문의 종교로 의식되며, 지역생활에 지배적인 영향을 미치고 있습니다. 또한 공수(죽은 자의 넋이 무당에게 옮겨 말하는 것)나 주문주술 등의 민간신앙도 일상적으로 행해지고 있습니다. 현 내에서 인구 집중이 계속되는 야마가타(山形), 요네자와(米澤), 신죠(新庄) 등 내륙도시에서는 대도회지로부터의 U턴 그룹, 될 수 있으면 지방에 남으려고 하는 젊은이들이 조금씩 증가하고 있습니다. 이러한 사람들은 나름대로 존재의 의의를 찾으려 하기 때문에 전도의 의의나 성과가 클 것으로 기대됩니다. 기독교식 결혼식을 희망하는 젊은이들이 많아지는 것도 반드시 단순한 유행이라고만 볼 수는 없을 것 같습니다.

야마가타 현을 위해

12일 현 내의 모든 교회가 복음적 신앙에 의해 일치하여, 교회 미설치 마을의 선교 등의 비전을 공유할 수 있도록. 사카타(酒田) 시내에 있는 기독교연합목사회를 위해. 야마가타(山形), 요네자와(米澤), 쇼나이(庄內)에 지부가 있는 일본 국제 기드온 협회의 사역을 위해.

13일 라이프 센터 야마가타 서점의 사역과 아키타(秋田) CLC의 야마가타 현 내 순회판매를 위해. 야마가타 현에서도 TV복음방송이 시작될 수 있도록. 야마가타 방송의 라디오 프로그램 '세상의 빛', '참된 구원'이 교회가 없는 마을이나 과소 지역의 선교에 도움이 되도록.

14일 유자(遊佐)에 있는 Church of God 사카타 그리스도교회가 건설한 '기도의 집:죠카이(鳥海)채플', 요네자와에 있는 개척전도에 헌신한 선교사를 기념하는 보수침례교의 미꼬 기념관, 자오(藏王) 온천에 있는 오오히라(大平) 호텔, 나리사와 펜숀을 위해.

15일 기독교 정신의 학교인 야마가타 학원(고교)이 그 사명을 계속해 나갈 수 있도록. 전기숙사 제도로 독특한 전인격적 교육을 행하고 있는 기독독립학원(고교)을 위해.

16일 기독교 정신의 의료시설이 거의 없는데 반드시 생기도록 기도하자. 가미노야마(神山) 시에 있는 지적장애자 복지시설인 야마가타 빛의 학원, 야마가타 육성원과 사가에(寒河江) 공로육성원, 츠루오카(鶴岡)에 있는 고령자 복지시설인 유노하마(湯野浜)사은원을 위해.

17일 동북지방 유일하게 교회가 없는 오바나자와(尾花澤) 시에 교회가 생기도록. 광범위한 지역에 걸쳐 교회가 없는 히가시다가와(東田川) 군, 니시다가와(西田川) 군, 아구미(飽海) 군 등 3군(郡) 12정촌(町村), 총인구 13만의 영혼을 위해. 곳곳마다 교회가 생기도록. 모가미(最上) 군의 7마을은 인구 5만 명이 넘는데도 마무로가와마치(眞室川町)에 하나의 교회밖에 없는데 더 많이 세워지도록.

후쿠시마(福島) 현

현청소재지 : 후쿠시마(福島) 시
행정단위 수 : 10시(市), 80정촌(町村)
면적 : 13,782㎢
인구 : 2,138,605명
인구밀도 : 155.2명/㎢
교회 수 : 138개
한 교회가 담당할 인구 : 15,497명
교회 미설치 市 : 없다(※한 교회만 있는 市 : 없다)
교회 미설치 町村 : 49곳(그 중 인구가 2만 이상인 도시 : 없다)
한국인 선교사 수 : 1명(1교회)

자연경관

동북지방 남단에 위치하며, 남북 약 130km, 동서 약 170km, 이와테(岩手) 현 다음가는 면적입니다. 태평양 연안의 평지인 하마도오리(浜通り), 남북으로 달리는 아부쿠마(阿武隈) 고지와 오우(奧羽) 산맥 사이에 있는 후쿠시마(福島), 고오리야마의 각 분지가 이어진 나까도오리(中通り), 서쪽은 이나와시로고(猪苗代湖)와 아이즈 분지(會津 盆地), 남쪽은 2천 미터나 되는 높은 산이 이어지는 오쿠아이즈 산지(奧會津 山地)가 이어지는 아이즈 지방 등 셋으로 나뉘어집니다. 바다와 산이 있고, 자연의 변화가 풍성하며 기후도 많은 변화와 차이를 보입니다.

산업과 문화

기본적으로는 농업 현으로 작물의 종류도 다양하며, 사과, 복숭아, 배, 감 등의 과수 원예가 활발합니다. 전체 현의 70%가 임야로 전국 4위의 삼림 현입니다. 죠우반탄덴(常磐炭田)도 일본을 대표하는 석탄 매장지역이었으나 1976년 폐광되어 예전의 모습을 잃었습니다. 그러나 그 중심을 차지하던 이와키(いわき) 시는 후쿠시마, 고오리야마 지구와 함께 새로운 공업지대로서 기대되고 있습니다. 아이즈 지방은 일본해의 영향을 받아 눈이 많으며, 메

이지유신 때에 뱌코타이(白虎隊:1868년 구막부군과 신관군과의 보신(戊辰) 전쟁 때 참전한 아이즈한(會津藩)의 소년병들로, 관군에 의해 패전 후 일부는 이이모리(飯森)의 산 속에서 모두 자결했다)로 상징되는 독특한 기풍이 있습니다. 그 때문인지 의학계의 노구치 히데요(野口 英世:메이지 31년 페스트균을 발견한 세균학자. 독사, 매독균 연구로 유명함. 아프리카에서 황열병원체 연구중 감염되어 사망함), 기독교계의 이부카 카지노스케(井深 梶之助), 모리야마 사토시(森山 諭:2차 대전시 반전론자로서 재림대망운동, 일한친선선교운동의 제창자) 등 뛰어난 인재를 배출했습니다. 동북 자동차 고속도로, 신간선의 개통에 의해 사회의 활력이 보다 역동적이 되고 있습니다.

도전과 희망

전국적으로 저명한 신사, 불사는 적지만, 메이지 시대까지는 일반적이었던 신·불 혼합이 서민생활 속에 지금도 뿌리를 내리고 있습니다. 민간신앙, 토속 신앙적 제례나 습관이 일상적으로 지역·가정 속에 받아들여지고 있는 것이 후쿠시마 현만의 문제는 아닙니다. 그런 토양에서도 박해를 견디며 기리스탄 신앙이 펼쳐진 흔적이 있습니다. 아이즈(會

津)한시(藩士:제후에 속한 무사)의 장남으로 보우 신(1868년 1월부터 1869년 5월까지 신관군과 구막 부군과의 전쟁으로 사무라이의 몰락을 가져온 전쟁)의 패배를 경험하고, 낭인이 되어 상경한 이부카 카지노스케는 브라운 선교사의 인도로, 사죠한[左長藩:사쯔마한(薩摩藩-현재의 가고시마 현)과 죠슈한(長州藩-현재의 야마구치 현)을 뜻하며 메이지 유신때에 신관군을 도와서 구막부군의 권력을 결정적으로 약화시킨 세력. 일본 개화기에 다수의 인재를 배출한 곳으로 유명하다.]을 증오하고 원망하는 마음의 죄를 인정하고 크게 회심한 뒤 결신했습니

다. 그는 목사가 된 후 메이지 학원의 설립을 도우며 교단의 총리(총회장)에까지 취임하게 되었습니다. 그와 교대로 1886년 아이즈에 와서 전도를 개시한 사람이 디포레스트 선교사입니다. 2차 세계대전 이후 새롭게 아이즈, 나까도오리, 하마도오리에 외국 선교사들이 열심히 전도를 시도했습니다. 그 결과 전후에도 후쿠시마 현으로부터 많은 헌신자가 파송되어 활약하고 있습니다. 역사적인 배경과 함께 이 곳 기독교인들은 약해지지 말고 앞으로도 계속 성장, 도전해야 한다고 생각합니다.

후쿠시마 현을 위해

18일 전체 현에 걸쳐 혹은 지역마다 복음적 교회 협력조직이 정비되도록. 현재 있는 하마도오리(浜通り)전도협회가 좋은 교제를 계속해나갈 수 있도록. 과소 지역에서 경제적 곤란과 싸우고 있는 목사들이 격려받고 교회가 자립할 수 있도록.

19일 크리스천을 위한 캠프, 숙박시설인 창세 그룹(후쿠시마), 가나안촌(이와키)을 위해. 라이프센터 후쿠시마 서점, 다이라 복음센터(이와키), 희망서점(고오리야마)의 사역을 위해. 신자들이 복음적인 서적을 접할 기회가 많아지도록.

20일 후쿠시마 방송에서 방영되고 있는 TV프로그램 '라이프 라인'(태평양 방송)이 계속되도록. 라디오 후쿠시마에서 방송되고 있는 '참된 구원'(일본복음선교회)을 위해. 후쿠시마, 이와키, 고오리야마, 아이즈에 지부가 있는 일본 기드온협회 사역을 위해.

21일 기독교 정신의 학교인 다테(伊達)에 있는 세이코(聖光) 학원, 뉴 라이프 컬리지 고등학교(이시가와 고교)가 쓰임받을 수 있도록. 후쿠시마 잉글리시 센터, 아이즈와카마츠 잉글리시 아카데미를 통해 복음을 듣는 사람들이 일어날 수 있도록.

22일 기독교 정신의 병원, 의원이 설립될 수 있도록. 기독교 정신 위에 세워진 사회복지시설 아오바(靑葉) 학원(후쿠시마), 호리가와 아이세이엔(堀川愛生園)(다나구라(棚倉), 후쿠시마 세이시료고엔(整枝療護園)(이와키), 스키가와(杉賀川) 공로 육성원, 시라가와(白河) 어린양 학원, 아다타라 육성원(오오다마(大玉)) 등의 사역을 위해.

23일 교회가 없는 49개 마을에 복음이 전해지도록. 한 교회당 4만을 넘는 히가시시라가와(東白川) 군, 거의 4만에 가까운 가와누마(河沼) 군에 제각기 한 교회가 더 생기도록. 가장 가까운 도시에 있는 교회가 책임감을 가지고 개척하며 지원해 갈 수 있도록.

정보 시대의 대응

정보 미디어가 고도화, 다양화된 시대, 게다가 그 진전 속도는 너무나 빠릅니다. 첨단문화에만 눈을 돌려서는 안 되겠지만 사회의 균형적 진보에 교회가 대응하지 않을 수 없겠지요. 전화는 한 가구당 한 대에서 한 사람당 한 대의 시대가 되었습니다. 목회는 물론 전도를 위해서도 전화의 유효 활용을 기대할 수 있습니다. 많은 교회에서 테이프에 녹음한 전화 메시지를 제공하고 있습니다.

무선전파에 의한 방송은 전파의 할당에 한계가 있으나, 유선방송은 채널이 많기 때문에 기독교 전문방송이 비교적 간단하게 전도매체로 사용될 수 있습니다. 라디오뿐만 아니라 CATV(케이블 텔레비전)의 급속한 보급으로, 기독교 전문 TV국의 설립도 쉽게 되었습니다. 새로운 미디어로써 주목할 필요가 있습니다.

컴퓨터, 인터넷의 이용은 아직은 제한된 범위이지만 수년 후에는 라디오, TV와 같은 공공방송을 능가하는 미디어가 될 것입니다. 홈페이지 인터넷 방송국 등을 이용한 교회의 전도활동이 크게 기대됩니다.

관동지방(關東地方)

선교의 실정

수도 도쿄를 포함한 수도권이 모두 들어가 있습니다. 일본 전국토지의 10%의 면적에 해당하며 전 인구의 31%가 살고 있습니다. 동경으로의 인구집중이 문제가 되고 있으나, 교회에 있어서도 마찬가지라고 할 수 있습니다. 도쿄 23특별구 내의 교회밀도는 높으며 1988년 이후 인구감소가 계속되고 있기 때문에 한층 이러한 경향은 늘어나고 있습니다. 한편 도쿄도(都)의 시나 인접한 현의 모든 도시는 인구증가가 계속되고 있는데 교회수의 증가는 따라가지 못하는 실정입니다. 그러나 도쿄 23구 내의 역사가 오래된 많은 교회에서는 도심을 떠나 가까운 현으로 이전하고 있는 교회 성도들이 꽤 늘어나고 있기 때문에 23구 내의 크리스천 인구는 결코 다른 지역보다 높은 비율은 아닐 것입니다. 또한 수도권 내의 교회 미설치 지역은 5년 동안 14개 감소하였으나, 반대로 현이 2개나 늘어났기 때문에 그것을 제하고 나면 11개의 교회가 감소했습니다. 게다가 교회 미설치 151개 마을의 10%인 15개 마을이 인구 2만을 넘고 있습니다. 이 15개의 마을 인구 합계는 41만을 넘으며 한 개의 마을을 빼고 는 대부분 인구증가를 보이고 있으며, 과거 5년 간 합계 약 3만5천 명이 늘었습니다. 이러한 인 구유동의 경향도 정확히 파악하여 광역적인 선교 방책을 세울 필요가 있습니다.

새로운 미디어 전도를 위해

24일 전국에서 약 500여 개의 교회가 행하고 있는, 전화에 의해 구도자들에게 녹음한 메시지 테이프를 들려 주는 전화 전도가 유용하게 쓰여지며, 더 많은 교회가 참가할 수 있도록. 텔레폰 전도협의회를 위해.

25일 텔레폰 전도와 FEBC 중파 라디오 방송을 통해 매주 방송되는 프로그램을 사용하여 전도전선의 확대를 도모하고 있는 일본 뉴 미디어 선교회와 그것을 돕고 있는 요도바시(淀橋) 교회를 위해.

26일 복음적인 크리스천들이 시작하여 지금은 종교의 틀을 넘어 널리 공공적 성격을 띠게 되었지만, 많은 크리스천들이 볼런티어(Volunteer)로서 중심 역할을 하고 있는 '생명의 전화' 사역을 위해.

27일 유선 라디오 방송을 이용하여 24시간 복음방송을 전국 네트워크로 방송하는 사역을 추진하고 있는 프랜드십 라디오의 사역을 위해. 프로그램 제작이나 청취자의 확대를 위해 기도하자.

28일 **관동지방을 위해**
관동지방 7도 현에는 2,610개의 교회가 있는데, 지난 1년 간 31개의 교회가 늘어난 것을 감사하자. 이것은 1.2%의 증가로서, 전국 어느 지방에서 찾아볼 수 없는 증가율이다. 그러나 10년 전 교회 수가 2,160개, 연평균 증가율이 2.1%로서 최근 수년 간 증가율은 저하되는 경향을 띠고 있다. 또한 같은 관동지방에서도 북관동 3현과 도쿄도 및 인접 3현에서는 두 배에 가까운 차이를 보이고 있다. 이 격차에도 도전하자.

29일 교회가 아직 설치되지 않은 149개 마을에 빨리 교회가 생기도록 기도하자. 특히 그 중에서도 인구가 2만을 넘는 14개 마을을 위해. 또한 시(市)중에서도 교회가 단 하나밖에 없는 10개 도시를 위해. 크리스천 인구의 비율은 도치기 현이 가장 낮아 0.24%이고, 이바라기 현, 군마 현, 치바 현, 사이타마 현의 순서이다. 신자의 증가는 교회의 증가에 비례하기 때문에 개척전도가 절실히 필요하다.

현청소재지 : 미토(水戶) 시
행정단위 수 : 20시(市), 65정촌(町村)
면적 : 6,094㎢
인구 : 2,964,839명
인구밀도 : 486.5명/㎢
교회 수 : 179개
한 교회가 담당할 인구 : 16,707명
교회 미설치 市 : 없다(※한 교회만 있는 市 : 2곳)
교회 미설치 町村 : 33곳(그 중 인구가 2만 이상인 町村 : 6곳)
한국인 선교사 수 : 13명(11교회)

자연경관

관동지방의 북동부에 위치하며, 동쪽으로 태평양에 면해 있고, 도네가와(利根川)가 남쪽의 경계가 되는 동서 약 80km, 남북 약 150km의 지역입니다. 일본에서 두 번째로 넓은 호수 가스미가우라(霞ヶ浦)가 현 남부중앙을 차지하고 있습니다. 아부쿠마(阿武隈) 고지의 남단과 츠쿠바(筑波) 산으로 끝나는 야미조(八溝) 산지가 경계가 되는 현 북부 이외에는, 관동 평야의 동쪽 끝을 이루는 평지입니다.

산업과 문화

경지 면적이 북해도 다음 가는 전국 2위의 농업 현으로, 대소비지 도쿄를 옆에 둔 지리적 이점으로 배추 등의 생산액은 전국 1위입니다. 해안에 좋은 항구가 적어 대규모 어업은 성하지 못합니다. 광공업은 후쿠시마에 걸쳐 있는 죠우반 탄덴(常磐炭田)에 관련되어 발전한 히타치(日立), 원자력 개발의 첨단을 연 토우카이무라(東海村), 미토(水戶), 카츠타(勝田) 지구, 가시마(鹿島) 임해공업지대가 주목되고 있습니다. 츠쿠바 연구학원도시의 건설은 현의 이미지를 크게 바꾸어 놓았습니다. 도쿠가와 고산케(德河御三家)의 하나인 미토가(水戶家:도쿠가와 이에야스의 11번째 아들 가문으로서 상벌이 분명한 강직성을 자랑함)의 지배는 현민의 기풍에 크게 영향을 주고 막부말기(幕末)의 국수사상은 세계대전 중의 전의(戰意) 고양에 도움이 되었으나, 전후에는 마이너스였습니다. 미토학(水戶學:국학, 사학, 신도를 경전으로 해서 유학을 중시하고, 大日本史를 편집하고, 대의명분을 중시하며, 황실을 존엄히 여겨 왕정복고에 큰 영향을 끼친 학파)의 감화로 정신주의적 기풍이 강하고, 유교도덕이 중시되었습니다. 특히 현의 북부로는 교육에 열심인 것으로 눈에 띄지만, 츠치우라(土浦) 이남 지역은 유입인구의 격증으로 의식도 다릅니다.

도전과 희망

어느 의식조사에서, 무언가 종교를 믿고 있는 사람의 비율 중에서도 불교를 믿고 있다는 대답은 전국 최저였습니다. 촌락 이전 사회에 반드시 따라붙는 공동의식이 강하며, 종교를 집안의 것으로 여기는 사고에서 탈피하지 못하여 개인적 신앙의 수용을 곤란하게 생각하고 있습니다. 물론 신흥지역인 현 남쪽지방은 이러한 기풍이 희박합니다. 특히 유명한 신사(神社)로서는 고대 야마토(大和) 정권이 동국(東國) 지배의 기지로 삼았던 가시마(鹿島) 신궁, 도자기로 유명한 카사마이나리(笠間稻荷) 신사가 있습니다. 전형적 농업 현답게 보수적이고 집안이나 가풍을 중시하는 경향이 있으나, 그만큼 일단 신앙이 뿌리내리면 견고히 보존한다는 장점도 있습니다. 이 현에는 '그리스도의 교회' 가 전후 설립한 이바라기(茨城) 그리스도 대학이 있고, 리벤젤라 선교단이나 루터복음그리스도 교회 등 소박하지만 타협적이 아닌 그룹의 사역이 열매를 맺고 있습니다. 또한 일본동맹기독교단과 같은 젊은 그룹도 약진하고 있습니다.

이바라기 현을 위해

1일 방송전도를 위해 결성된 '이바라기 세상의 빛 후원회' 가 현 내 모든 교회의 연계 협력을 위해 노력한 역할이 더욱 강화될 수 있도록.
현의 북부, 중앙, 남부의 제각기 지역에서의 교제 협력을 위해.

2일 미토(水戶)에 있는 라이프 센터 이바라기 서점, 우시보리(牛堀)에 있는 이타코(潮來) 서점을 위해. 이바라기 방송의 라디오 프로그램 '세상의 빛', '예수님과 함께 걷네', '기쁜 소식' 을 위해. 최근 각지에서 보급되고 있어 새로운 전도 미디어로 주목받고 있는 케이블 TV를 사용, 선교 태세를 시작한 츠치우라, 츠쿠바 주변의 모든 교회를 위해.

3일 이바라기 기독교 학원(히타치:대학, 시온 전문대, 고교, 여중)이 복음의 향기를 잃지 않고 건전하게 유지되며, 발전될 수 있도록. 가미스(神栖)에 있는 백십자 간호전문학교를 위해.

4일 기독교 정신의 의료기관이 적은 중에도 폭넓은 사역을 하고 있는 백십자 종합병원(가미스), 토우카이무라에 있는 장애자 복지시설인 사치노미원(幸の實園), 나카(那珂)에 있는 아동복지시설인 칠드런 홈을 위해.

5일 미츠카이도(水海道)에 건설된 첫번째 노인 홈인 츠쿠바 킹스가든을 위해서. 가미스에 있는 오랜 실적의 백십자회 백수장(百壽莊), 미토에 있는 아이유엔(愛友園) 등의 고령자 복지시설을 위해.

6일 교회 미설치 지역 33개 마을에 교회가 생기도록. 3개 마을에 5만 명 정도의 인구가 있는 유우기(遊技) 군, 2개 마을에 4만을 넘는 츠쿠바 군의 어딘가에 교회가 생기도록. 인구가 3만 가까우며 모두 현 남부에 있는 이나(伊奈), 치요다(千代田), 야치요(八千代) 마을에도 빨리 교회가 생기도록.

도치기(栃木) 현

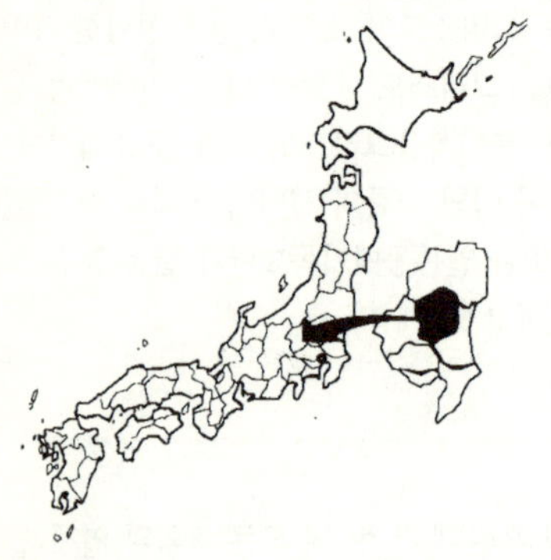

현청소재지 : 우츠노미야(宇都宮) 시
행정단위 수 : 12시(市), 37정촌(町村)
면적 : 6,408㎢
인구 : 1,998,186명
인구밀도 : 311.8명/㎢
교회 수 : 103개
한 교회가 담당할 인구 : 19,400명
교회 미설치 市 : 없음(※한 교회만 있는 市 : 3곳)
교회 미설치 町村 : 21곳(그 중 인구가 2만 이상인 町村 : 2곳)
한국인 선교사 수 : 3명(2교회)

자연경관

삼면이 산지로 둘러싼 분지형의 나스(奈須) 평야는 남으로 완만히 내려가서 관동평야의 최북부를 이루고 있습니다. 북서방향은 나스, 닛꼬(日光), 화산군(火山群)을 포함한 나스 화산대가 달리고, 유명한 온천지나 경승지가 있습니다. 바다가 없으며 지형이 복잡하기 때문에 기후의 연교차, 일교차가 크며 서리, 계절풍 등의 피해가 적지 않습니다.

산업과 문화

기본적으로는 농업이 큰 위치를 차지하고 있지만, 상공업의 비율이 서서히 높아지고 있습니다. 특색으로는 아시오(足尾) 광산의 동(銅), 우츠노미야의 오야석(大谷石) 등의 광산물이 있습니다. 농산물로는 전국 1위 90%를 차지하는 간뾰(박꼬지), 야미조(八溝) 산지의 잎담배 등이 있습니다. 세계대전 전에 왕성했던 섬유공업은 산업구조의 변화와 함께 전기, 기계, 금속, 중화학 공업 등으로 변모했습니다.

군마 현과 함께 동쪽 일본에서도 아주 오래된 문화가 있었던 지역으로, 5세기 경 '게누노구니(毛野國)'가 둘로 갈라져, '시모츠케누노구니(下毛野國)'라 불려지던 것이 '시모츠케(下野:도치기 현의 별칭)'가 되었습니다.

의식조사에서는 '재해의 걱정이 없다'의 답이 전국 1위였습니다. 덧붙여 2위는 군마, 3위는 이바라기입니다. 보수적, 소극적으로 타인과의 분쟁을 싫어하며, 도덕관이 비교적 엄한 현민성이라 할 수 있습니다.

도전과 희망

원래 산악종교와 관계있는 난타이(男体) 산을 배경으로, 도쿠가와 이에야스를 섬기는 도쇼구(東照宮)를 옮긴 것에서부터 닛꼬(日光)가 서민 신앙의 성지로 되었습니다. 물론 그 내용은 현세 이익을 위한 점이 많은 것 같습니다. 기독교 전도는 메이지 초기에 요코하마(横浜)에서 온 수명의 청년 신자들에 의해 이루어져 오늘날도 몇 개의 교회를 기초로 놓게 되었습니다. 곤란 가운데서도 분투하고 있는 많은 교회가 있고 교세를 꽤 유지하는 곳도 있습니다. 수도권의 확장가운데 전통, 인습과 무관한 신흥주택지역은 전도하기 쉽기 때문에, 교단, 교파 혹은 전도단체 등이 계획적인 대처를 한다면 어느 정도 성과를 기대할 수 있겠지요. 나스 평야 등의 개발에도 여러 가능성을 생각할 수 있습니다.

7일 현 내의 교회가 상호 교제와 선교협력을 위해 일치단결할 수 있도록. 도치기 방송에서 방송되고 있는 라디오 프로그램 '예수와 함께 걷네', '기쁜 소식', '시온의 좁은 길'을 위해. 아직 없는 TV복음 방송의 실현을 위해.

8일 해외에서 봉사하는 일본인 선교사를 위해 이문화 접촉훈련(異文化 接觸訓練)을 하는 선교사 훈련센터의 사역 위에 축복이 있도록.
크리스천을 위한 연수, 휴양시설, 나스(奈須)의 고원 House of Rest, 니시나스노(西奈須野)의 나스 세미나 하우스, 시오야(鹽谷)의 YMCA 시오야 캠프장, 후뉴(船生)의 기도의 집, 닛꼬의 유노야(湯の家) 여관을 위해.

9일 뿌리는 신도(神道)계통이지만 학원장의 신앙 회복을 계기로 기독교 사상에 기초한 일관교육을 행하고 있는 사쿠신(作新) 학원(우츠노미야: 대학, 고교, 중학, 초등학교, 유치원)을 위해서.
니시나스노에 있는 아시아 학원(아시아 농촌지도자 양성전문학교)을 위해.

10일 크리스천의 신분을 명백히 내걸고, 병원 내 채플도 있는 우츠노미야의 히키(比企) 병원의 사역을 위해.
우츠노미야 크리스천 Book센터, 우츠노미야 Book센터 로고스를 위해.

11일 고요(晃陽)직업센터(우츠노미야의 신체장애자 직업센터), 타카하라 학원, 야이타(矢板)에 있는 지적장애자를 위한 타카하라 육성원, 가와치(河內)에 있는 시각장애자를 위한 아이신(愛信)홈, 우츠노미야의 고령자를 위한 마이홈 기요하라, 기누마(鹿沼)에 있는 사즈키소(莊)의 사역을 위해.

12일 교회가 하나도 없는 21개 마을, 특히 인구 4만을 넘는 니시나스노(西那須野) 마을, 3만을 넘는 다누마(田沼) 마을에 교회가 생기도록. 市중에서도 기존교회가 하나밖에 없는 이마이치(今市), 모오카(眞岡), 오오다와라(大田原) 3市는 인구도 6만 안팎이기에 한 교회가 더 있으면 좋겠다.

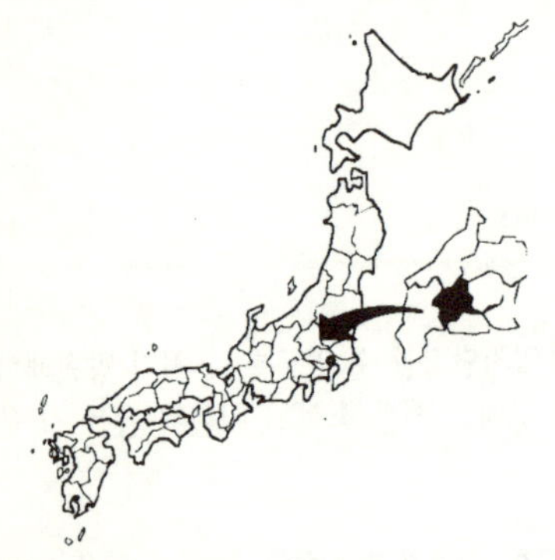

현청소재지 : 마에바시(前橋) 시

행정단위 수 : 11시(市), 59정촌(町村)

면적 : 6, 363㎢

인구 : 2, 013, 753명

인구밀도 : 316. 5명/㎢

교회 수 : 120개

한 교회가 담당할 인구 : 16, 781명

교회 미설치 市 : 없음(※한 교회만 있는 市 : 없음)

교회 미설치 町村 : 33곳(그 중 인구가 2만 이상인 町村 : 3곳)

한국인 선교사 수 : 6명(6교회)

자연경관

관동지방 서북부의 내륙 현으로, 2천 미터를 넘는 미쿠니(三國) 산지의 동쪽은 아시오(足尾) 산지, 서쪽은 죠신에츠(上信越) 고원과 관동(關東) 산지가 세 방향의 현 경계선을 이루고 죠에츠 국경을 수원(水源)으로 남하하는 도네가와(利根川)가 간나가와(神流川)를 합쳐서 남쪽 경계선을 이루고 있습니다. 주위의 연산(連山) 외에도 아카기(赤城), 하루나(榛名), 묘기(妙技)의 죠모산(上毛三) 산 등 산이 풍부합니다. 기후도 내륙성으로 기온차가 심하며 겨울에서 초봄에 걸친 계절풍은 "죠슈(上州)의 건조풍"이라고 불려지고 있습니다.

산업과 문화

농업이 주체였으나 최근 급속히 공업화되고 있으며, 북관동 3현 중에서 농업인구는 최저입니다. 산지가 많기 때문에 논(水田)이 적으며 양잠이 왕성하여 생사(生糸)의 생산은 일본 제일입니다. 고랭지의 양상추, 배추, 전국의 80%를 차지하는 시모니다(下仁田) 지방 특산의 곤약 등

이 유명합니다. 섬유공업으로 번영한 현 남부의 도시들은 한때 쇠퇴하였으나, 지금은 전기, 화학공업 등의 공장 유치로 재부흥을 도모하고 있습니다. 북관동 3현의 현민성을 평하여, 군마는 '공격', 도치기는 '수비', 이바라기는 '어느 쪽도 아니다' 라고 합니다. 조몬 시대에 이미 꽤 높은 수준의 문화가 있었다는 사실이 최근의 유적 발굴로 알려졌습니다. 고대로부터의 지혜는 현대를 비추는 빛이 될는지요. 의식조사에서는 금전감각은 솔직 담백하며 생활태도는 현실적이라고 알려져 있습니다.

도전과 희망

일본인 특유의 무상관(無常觀)이 전국에서 제일 희박하다는 조사결과도 있고, 종교심은 그다지 강한 지역은 아닌 것 같습니다. 특히 널리 알려져 있는 신사(神社)불사(佛寺)는 없습니다. 어디든 마찬가지로 습관적인 것은 뿌리깊게 남아 있지만 외래문화에 대해서는 비교적 개방적이라고 할 수 있습니다. 현의 동남부에 있는 오오이

즈미쵸(大泉町)는 외국인의 수가 마을 인구의 10%나 되는 일본에서 가장 외국인이 많이 사는 곳인데, 주로 브라질에서 일하러 온 사람들입니다.

군마 현은 도시샤(同志社) 대학을 창립한 니이지마 죠(新島 襄)나 무교회주의를 제창한 우치무라 간죠(內村 鑑三)와 같은 기독교계의 인재를 배출하고 있습니다. 특히 니이지마의 출신지인 안나카(安中)에서의 전도는 메이지 초기의 산업혁명에 의한 사회 변혁의 파도를 타고 받아들여져, 북관동 모든 도시의 자영업자층 사이에 급속히 확대되었습니다. 새로운 기업체에서 일하는 전입자나 외국인 등은 지금 전도해야만 하는 전도대상입니다.

13일 복음주의의 선교회, 목사의 협력적인 교제가 성장되도록. 어렵게 실현된 TV복음방송 'Life Line'이 크게 쓰임받을 수 있도록.
현지의 방송 프로그램이 없는 라디오의 복음방송도 생길 수 있도록. 유일한 기독교 서점 다카사키(高崎)의 히카리(光) 서점을 위해.

14일 크리스천을 위한 연수, 숙박시설, 아카기(赤城) 크리스천 소(莊), AVACO Green Village, 마에바시(前橋) YMCA아카기 캠프장, 미즈가미(水上)에 있는 일본 Bible Home, 닛신칸만자(日新館萬座) 온천호텔 등을 위해서.

15일 기독교주의 학교인 교아이(共愛) 학원(마에바시:여자전문대, 여고, 여중), 니이시마(新島) 학원(안나가(安中):여자전문대, 고교, 중학교), 전문학교인 이시구로(石黑) 학원(다카사키:비지니스, 컴퓨터, 조리사)을 위해.

16일 기독교주의 의료시설 하루나의 하루나소(榛名莊) 병원, 사회복지사업으로는 몇 군데의 신체장애자 시설을 가진 시부가와(澁川)의 메구미노소노(惠みの園), 중증장애 아동을 위한 시설인 한나 사와라비 학원(하루나) 등을 위해.

17일 아동양호시설인 죠모아이린샤지교엔(上毛愛隣社地行園), 고모치의 고모치산(子持山) 학원을 위해. 모자시설인 마에바시 보시료(母子寮)를 위해. 고령자 복지시설인 마에바시 노인홈, 하루나의 노인홈, 게이센엔(惠泉園) 등의 사역이 축복 받도록.

18일 아직 교회가 없는 33개의 마을에 교회가 생기도록. 인구 3만의 니츠다 군은 인구가 9만에 가까운데도 불구하고 한 교회밖에 없으므로 한두 개라도 개척이 이루어질 수 있도록.

모든 종교에 있어 음악은 항상 필수적인 것이나, 기독교만큼 음악과 깊은 관계를 가진 종교는 없을 것입니다. 서양 음악의 역사는 기독 교회의 역사 없이는 서술할 수 없습니다. 만약 성경이 없고 기독교가 없었다면 미술 세계와 마찬가지로 음악의 세계는 살풍경(殺風景)이 되었을 것입니다. 유대인의 음악은 성경의 음독(音讀) 멜로디와 리듬으로부터 발전되었습니다. 구약시대 이스라엘 백성은 희생제물을 드려 예배를 했는데, 하나님께로의 찬양은 그 자체가 제물이 되었습니다. 신약시대 교회에서도 찬양은 예배 순서 중에서 중요한 위치를 차지하고 있습니다.

찬양은 또한 하나님의 능력이기도 합니다. 여호사밧이 전쟁에 임했을 때 찬양에 의해 적군을 패배하게 했습니다. 현대 교회에 있어서도 전도 집회 등에서 찬양을 포함한 음악 프로그램의 유무(有無), 그 내용의 좋고 나쁨(良否)에 따라 결실의 차이가 나타납니다. 음악은 시대에 따라, 지역이나 사회의 차이에 따라 여러 가지 현상을 보입니다. 종교가 가지는 보수성은 기독교에 있어서도 예외는 아닙니다만, 그래도 시대에 따라 변화가 있습니다.

일본에서는 복음이 서양 문화와 함께 전해졌기 때문에, 기독교는 서양의 종교라는 견해가 정착되어 버렸습니다. 음악의 세계에서는 일본 고래(古來) 음악이 경시되고, 서양 음악이 일본 음악의 주류가 되었기 때문에 동시대에 유입된 찬송가는 자연스럽게 받아들여진 반면, 일본 고유

문화와는 단절되어 버렸습니다. 다른 나라에서는 그 나라 대중음악의 멜로디로 찬송가가 불려지고 있는데, 일본에서는 메이지 이전의 나가우타(長唄), 고우타(小唄), 조쿠요(俗謠)는 물론 가요곡 엔카(演歌)로도 찬송가가 불려지지 않았습니다.

서양 음악 중심의 찬송가조차도 예배 음악적인 장엄한 곡이 중시되고, 19세기 말부터 영미(英美)에서 불려지기 시작한 「복음창가」는 나카다 우고(中田 羽後:1958년, 일본 복음주의자들이 애창하는 성가를 만든 분)가 역사편집(譯詞編集)한 「리바이벌 성가」로 드디어 퍼지게 되었습니다. 전후(戰後) 복음파 선교사의 영향과 국민 음악 수준의 향상에 의해 포크 송적인 찬송가가 소개되고, 일본인의 작품도 첨가되면서 커다란 확대를 보이게 되었습니다. 머지않아 대중적인 유행가로 찬송가가 불려질 시대가 오게 되지 않을까요?

19일 독창자, 독주자, 다소(多少)에 관계없는 연주 그룹, 성가대, 밴드, 오케스트라 등 크리스천 음악가가 전문가로서의 평가를 유지할 수 있도록. 또한 음악 전도자로 헌신하는 음악가가 늘어나도록.
성경말씀을 중심으로 한 찬양에 관해 배우며, 이것을 모든 교회에 보급시키고, 또한 음악으로 모든 교회에 봉사하는 것을 목적으로 설립된 Evangelium Cantrai의 사역을 위해.

20일 유오디아 앙상블이 연주활동을 통해 그 이름대로 크리스천의 향기를 풍성히 발산할 수 있도록. 음악을 통한 예수 그리스도의 복음 선교를 목적으로 하는 콘서트나 음악 세미나의 개최, 가스펠 뮤직 제작, 판매, March for Jesus운동을 이끄는 믹담(Michtam)레코드를 위해.

21일 동경지방 교회 음악봉사자를 모아 훈련이나 음악 전도회를 개최하고, 특히 매년 교회 독창, 중창, 합창발표회와 일본어 메시아 공연을 행하는 동경 크리스천 콰이어를 위해. 크리스천 연주가를 초청, 음악전도집회를 기획하고, 각종음악 세미나를 개최, 또한 CD, 테이프, 비디오 등을 제작 판매 하는 가스펠 월드(Gospel World)를 위해.

22일 미국 선교단체의 Life Ministry 일부인 음악전도나 교회음악 향상을 위해 공헌하는 것을 목적으로 하는 Song Rise의 사역이 축복 받도록 기도하자.

23일 Gospel Christian Music의 그룹인 The Messengers 의 음악전도를 지원하기 위해 설립되고, 음악 CD의 판매 등을 하고 있는 Hosanna Music을 위해.

24일 각종 뉴 미디어로 선교사역을 섬기기 위해 비디오, CD, 카세트의 제작, 출장녹음, 편집, 음향설비설계, 시공, OA기기의 판매 등을 하고 있는 Paravision사역이 쓰임 받을 수 있도록.

현청소재지 : 우라와(浦和) 시
행정단위 수 : 43시(市), 49정촌(町村)
면적 : 3,797㎢
인구 : 6,718,268명
인구밀도 : 1,768명/㎢
교회 수 : 382개
한 교회가 담당할 인구 : 17,901명
교회 미설치 市 : 없음(※한 교회만 있는 市 : 2곳)
교회 미설치 町村 : 25곳(그 중 인구가 2만 이상인 町村 : 4곳)
한국인 선교사 수 : 13명(11교회)

자연경관

관동지방의 서측 중앙의 내륙 현으로 옛날 무사시노구니(武藏國)의 북쪽의 반에 해당됩니다. 면적은 좁으나 동쪽 끝의 에도가와(江戸川)부터 서쪽 끝의 관동산지까지 100km 이상 됩니다. 서부는 치치부(秩父) 분지를 포함한 2천 미터 정도의 산지이고, 구릉이나 대지(臺地)로 이루어진 관동평야가 동으로 열려 있습니다. 몇 번씩이나 흐름을 변화시킨 도네가와(利根川)가 만드는 평야의 중심부를 전부 포함시키고 있습니다.

산업과 문화

평지가 많기 때문에 경지 면적률, 경작률 모두 전국에서 상위를 차지하고 있습니다. 낮은 농가율(특히 전업인 경우)이지만, 대소비지 동경을 옆에 두어 야채를 비롯한 농업수익률은 낮지 않습니다. 현의 동부에는 주물(鑄物)로 유명한 가와구치(川口)로부터 북쪽으로 철공, 기계, 제조업 등의 공업지대가 다카사키센(高崎線), 도호쿠혼센(東北本線)을 따라 펼쳐져 있습니다. 전통산업도 많이 있으며, 고노스(江島巣)와 이와츠키(岩槻)의 셋쿠(節句:1월7일, 3월3일, 5월5일, 7월7일, 9월9일 등의 축제를 통칭함) 인형, 히나(雛:3월3일 여자아이의 명절에 15개를 한 세트로 제단에 진열함) 인형은 전국의 반수를 차지합니다. 현의 대부분을 차지하는 평지는 도시화가 진전되어 동경과의 일체감이 깊어지는 반면, 향토 의식을 부추기기 위해 우라와, 오오미야(大宮) 등 주변도시를 중심으로 거대 외곽도시(메가로 폴리스) 발전계획이 추진되고 있습니다. 동경 집중의 결과 현 내의 교통이 동서로는 발전하지 않았고, 일단 동경에 들어가서 갈아타는 쪽이 빠르다는 현상도 개선되지 않고 있습니다. 도시화된 동부와 과소(過疎) 상태인 서부의 극심한 격차도 현민 의식의 일치를 방해하고 있습니다.

도전과 희망

무사시노구니(武藏國) 제일의 신사인 오오미야의 히가와(氷川) 신사, 도쿠가와 집안과 연고가 깊은 카와고에(川越)의 기타인(喜多院), 저

녘 축제로 유명한 치치부 신사 등 이외에는 저명한 사찰이 별로 없습니다. 농산촌(農山村)에서는 기성종교가 뿌리깊게 신봉되고, 지역의 제례 등을 통하여 젊은 세대나 전주자(轉住者)를 흡수하고 있습니다. 한편 도시화된 지역에서는 신흥종교나 이단그룹의 활동이 왕성합니다. 메이지 초기 일본에 최초로 세워진 교회의 하나가 현의 동부 스기토쵸(杉戸町)에 현존하는 와토(和戸) 교회로, 장사하러 요코하마에 갔다가 선교사로부터 세례를 받고 돌아온 고지마 규에몬(小島九右御門)이 자기 집에서 전도를 시작하여 1878년(明治11)에 설립한 것입니다. 도시화의 결과 전통, 인습의 지배를 받지 않는 신흥주택지대에는 정신적 지주를 갈구하는 사람이 많아 적극적인 선교의 태세가 필요하며, 가능성도 큽니다.

사이타마 현을 위해

25일 급격한 인구증가로 교회 수가 따라가지 못하며, 교회 밀도의 공동화(空洞化)라 볼 수 있는 사이타마 현의 선교 필요를 기존교회가 자각할 수 있도록. 'Life Line' 방영을 위해 조직된 사이쿄오(埼京)방송전도협력회가 현 내의 복음파 모든 교회의 교제와 협력에 도움이 되도록. 지역마다 목사, 교회의 건전한 이해와 일치가 도모될 수 있도록.

26일 TV사이타마에서 방영되는 전도 프로 'Life Line', 'Harvest Time', '행복으로의 초대'가 효과적으로 쓰임 받고, 제각기 활동이 지속될 수 있도록.

27일 기독교 정신의 학교인 세이보(聖望) 학원(한노(飯能):대학, 여자전문대), 우라와(浦和) 루터 학원(고교, 중학), 세이(聖) 학원(아게오(上尾):대학, 여자전문대), 릿쿄(立敎) 학원(니이자(新座):고교), 또한 나구리가와(名栗川) 크리스천 캠프장을 위해서.

28일 기독교 정신에 입각한 오오미야 중앙종합병원(오오미야), 복음 증거와 선교를 위해 설립된 군요오카이(群羊會) 복음진료소, 미나미 복음진료소(모두 아게오시(上尾市)), 또한 니시오오미야(西大宮) 병원, 후타바(雙葉) 병원(도코로자와), 샬롬 스키가라(鋤柄) 병원(히가시마츠야마(東松山))를 위해.

29일 고령자 시설 킹스가든 사이타마(가와고에), 샬롬가든 사카도(境戸), 고령자를 위한 아이센엔(愛泉園)과 아동을 위한 아이센료(愛泉寮) 카쿄(加杉), 아동시설 호산나엔, 지적장애자 시설 구미아이이엔(久美愛園)(모두 우라와에 있음), 그 외의 복지시설을 위해.

30일 아직 교회가 하나도 없는 25개 마을, 특히 인구 2만 이상의 가미사토쵸(上里町), 메누마쵸(妻沼町), 마츠부시쵸(松伏町), 요시미쵸(吉見町)에 빨리 교회가 생기도록. 市중에서도 교회가 하나밖에 없는데 인구는 9만을 넘는 도다(戸田) 시와, 7만을 넘는 야시오(八潮) 시에 2, 3개의 교회가 더 생기도록.

현청소재지 : **치바(千葉)** 시
행정단위 수 : 31시(市), 49정촌(町村)
면적 : 5, 156㎢
인구 : 5, 863, 182명
인구밀도 : 1, 122.1명/㎢
교회 수 : 335개
한 교회가 담당할 인구 : 17, 502명
교회 미설치 市 : 없음(※한 교회만 있는 市 : 2곳)
교회 미설치 町村 : 27곳(그 중 인구가 2만 이상인 町村 : 2곳)
한국인 선교사 수 : 37명(27교회)

자연경관

　보오소오(房總) 반도가 대부분을 차지하며, 북은 도네가와(利根川), 서는 에도가와(江戶川)가 현 경계선을 이루고 있습니다. 도네가와, 에도가와의 유로(流路)가 남긴 구하천도로(旧河道)나 하적호(河跡湖)가 있는 현의 북쪽에서부터 시모후사(下總) 대지가 이어지며, 현의 남쪽은 표고 400m밖에 안 되는 보오소오(房總)구릉이 반도의 주요부에 펼쳐집니다. 기후는 바다의 영향을 받아 온난하지만, 북부는 관동평야와 같은 기후입니다. 구쥬구리하마(九十九里浜)는 전체 길이 55km의 멋진 모래사장입니다.

산업과 문화

　경작지율이 이바라기(茨城), 사이타마(埼玉) 다음 가는 전국 3위의 농업 현이지만 삼면이 바다로 둘러싸여 죠시(銚子)나 다테야마(館山) 등의 어항의 혜택을 받고 있는 어업 현이기도 합니다. 근년에는 게이힌(京浜 : 도쿄와 요코하마를 뜻함) 공업지대가 게이요(京葉 : 도쿄와 치바를 뜻함) 지구로 이어져 해면이 매립되고, 중화학공업의 일대 거점지가 되었습니다. 다리와 터널로 가나가와(神奈川) 현과 연결된 도쿄만(東京灣) 횡단도로 개통이 지역경제에 끼치는 영향이 앞으로 클 것입니다.

　동경 주변에서는 문화적 최후발(最後發) 지역이었으나, 나리타(成田) 공항 개발 이후, 급속히 발전하여 마쿠하리(幕張)Messe를 선구로 게이요(京葉) 항만지역은 첨단문화의 전시장이라는 이미지가 있습니다. 그러나 현 전체로 볼 때 아직도 근대화했다고는 말할 수 없습니다. 농어촌부는 지금도 다른 관동의 현(県) 이상으로 보수적입니다. 온난한 기후 탓인지 낙관적이며 자기주장이 강한 현민성을 지적한 조사통계도 있습니다.

도전과 희망

　매년 하츠모데(정월의 첫 참배) 인원 1, 2위를 다투는 나리타 후도(成田 不動) 신사가 유명한데, 고대 야마토(大和) 정권이 동북 지배 거점의 한 곳으로 생각했던 카토리(香取) 신궁은 이바라기 현의 카시마(鹿島) 신궁과 함께 상당히 오랜 기원을 가지고 있습니다. 니치렌슈(日蓮宗)의 개조(開祖) 니치렌쇼닌(日蓮上人)의 탄생지 야마츠 고미나토(天津 小港)에 건립된 탄죠지(誕生寺), 이치가와(市川)에는 쇼닌(上人)의 유물을 소장하는 니치렌 호께교지(日蓮 法華經寺)가 있습니다. 불교는 이 곳에서도 습속화(習俗化)되고, 어촌에서는 불교 이전의 주술적 신앙이 지금도 남아 있습니다.

현재는 후나바시(船橋) 시의 일부로서, 예로부터 도네가와(利根川) 연안에서 에도(江戶)에로의 물자 유통로였던 호덴무라(法典村)에 메이지 초년(初年)에 교회가 설립되었습니다. 비즈니스로 요코하마에 갔던 마을의 유지가 입신하여 고향 전도를 한 결과입니다. 보오소오 반도 남부에는 성공회 교회가 많은데, 이는 지금도 큰 교회당을 남기고 있는 메이지 시대의 열심 있는 전도의 결과입니다. 보수적인 지역성이 있지만 선교의 가능성은 크며, 도시화에 따라 선교의 필요성도 높아지고 있습니다.

31일 치바 현의 모든 교회가 선교의 부담을 자각하여 한층 더 축복 받도록. 치바 TV에서 방영하고 있는 복음 프로그램 'Harvest Time', '행복으로의 초대', 'Gospel Hour', 'Life Line'이 유효하게 활용되도록. 치바의 기독교서점 게이션 쇼보(惠泉書房), 이치가와(市川)의 아이신 쇼보(愛信書房)를 위해.

1일 크리스천 연수 시설로 사용되고 있는 이치노미야(一の宮)의 Hi-BA(High School Born Again)캠프장, 이치하라(市原)의 아가페노 사토(里)를 위해. 수도권의 리조트 지역으로서의 이점을 살려 개인이나 회사 등이 소유하고 있는 휴가시설도 복음사역을 위해 더욱 활용할 수 있는 길이 열려지도록.

2일 복음주의 입장에서 큰 공헌을 하고 있는 동경기독교대학, 동경기독신학교, 교리츠(共立) 기독교연구소의 3기관으로 이루어지는, 인자이시(印西市)에 있는 동경그리스도교학원, 일본그리스도교단기대(치바), 또한 야치요시(八千代市)에 있는 치바에이와(千葉英和) 고교를 위해.

3일 요우카이치바시(八日市場市)에 있는 노인홈, 신체장애자 양호시설도 갖추어진 구쥬구리 홈(Home) 병원, 아사히시(旭市)의 정신과 전문인 카이쬬료(海上寮) 요양소, 정신신경과를 주요 과목으로 하는 나리타(成田) 시에 있는 성 마리아 기념병원을 위해.

4일 4일 여성 보호시설인 희망의 문 학원(후츠(富津)), 가니타 부인의 마을(다테야마(館山)), 모자시설인 치바 시의 아사히가오카 보시료(旭ケ丘母子寮), 이치가와 시의 고노다이 보시홈(國府臺母子寮), 쵸우세이(長生)에 있는 베데스다홈을 위하여.

5일 치바 현에서 아직 교회가 하나도 없는 27개 마을에 교회가 생길 수 있도록. 과거 10년 간 사이타마 현과 함께 교회 수가 31%의 증가를 보였다. 인구증가도 계속되리라 생각되기 때문에 장래의 교통계획, 주택개발계획 등을 염두에 둔 개척전도의 도전을 기대하자.

도청소재지 : 신주쿠(新宿) 구
행정단위 수 : 23특별구, 27시(市), 13정촌(町村)
면적 : 2,187㎢
인구 : 11, 680,490명
인구밀도 : 5, 340.9명/㎢
교회 수 : 994개
한 교회가 담당할 인구 : 11, 751명
교회 미설치 市 : 없음(※한 교회만 있는 市 : 없음)
교회 미설치 町村 : 5곳(그 중 인구가 2만 이상인 町村 : 없음)
한국인 선교사 수 : 130명(101교회)

자연경관

행정상으로 동쪽 반의 23특별구와 서쪽의 다마(多摩) 지구로 크게 나뉩니다. 지형적으로는 동서 약 90km로 가늘고 길며, 대부분이 무사시노 다이치(武藏野 臺地) 위에 있습니다. 동쪽은 동경 만(灣) 북단에 면해 있고, 작은 골짜기들이 대지의 끝을 파고들어 야마노테(山の手:산이 있는 쪽)와 시타마치(下町:도시의 저지대)로 나뉘고 있습니다. 대지의 서부는 다마가와(多摩川)를 경계로 관동산지의 남부로 이어집니다. 2017m의 구모도리 산(雲取 山)을 최고로, 연결된 산들이 야마나시(山梨) 현과의 경계가 됩니다.

산업과 문화

최근 수도 기능의 이전, 분산에 관한 논의가 활발하며 국가적 대처도 이루어지고 있으나, 가령 실현된다고 하더라도 산업, 경제의 중추로서의 역할에는 변화가 없을 것입니다. 땅값의 상승과 환경 악화 등으로 도심부의 인구는 주변부로 대폭 유출됐습니다. 다마(多摩) 지구도 그 창구의 하나로 급속히 도시화되고 있습니다. 동경도는 군(郡)은 하나, 크고 작은 섬들을 제외하면 2町1村이 됩니다. 도쿠가와(德川) 시대의 에도(江戶)는 세계 제일의 백만 도시였으나, 오히려 근대화에 있어서 표층문화(表層文化)만을 받아들이는 데 그쳤는지도 모릅니다. 시민생활에 있어서 의식의 변화가 없으며, 에도 시대와 그다지 변한 것이 없고 오히려 좋은 면을 잃어버리고 나빠진 것 같기도 합니다. 다마 지구의 농산촌은 관동 일원과 공통적 민간습속(習俗)이 많이 남아 있습니다.

도전과 희망

도심에는 유명한 절과 신사(寺社)가 많고, 교외지역에도 유서 깊은 후츄(府中)의 오구니타마(大國魂) 신사, 쵸후(調府)의 진다이지(深大寺) 등이 있는 외에, 산악종교에서 기원했다고 생각되는 미타케(御岳) 신사나 다카오쟌 야쿠오우인(高尾山 藥王院) 등이 민간의 신앙대상이 되어 있습니다. 이 외에도 불교계, 신도계의 신흥종교의 대부분이 동경을 활동거점으로 삼고 있습니다. 사도 바울의 선교여행 출발지인 안디옥은 당시 지중해에 있는 세계 유수의 대도시였습니다. 그는 마찬가지로 주요도시였던 이고니온, 에베소, 빌립보, 아테네, 고린도 그리고 최후로 로마를 겨냥하였습니다. 선교전략상에서도 대도시를 무시할 수는 없습니다. 그런 의미에서 동경은 아직도 교회가 도전해야만 할 여지를 갖고 있습니다. 동경은 현대의 안디옥이며, 로마가 아니겠습니까.

도쿄 도를 위해서

6일 23특별구 내에는 617개 교회가 있는데, 많은 교회의 교회원들이 특별구 밖 혹은 도외(都外)로 거주지를 옮겨 교회적(敎會籍)만 남아 있는 예도 적지 않다. 지방에서부터의 전입자도 많기 때문에 실질적인 전도가 이루어지도록 기도하자.

7일 초당파(超堂派) 크리스천 국회의원과 국정(國政)이나 정치가에 부담을 가진 신자나 목사 등 뜻있는 사람들이 계속하고 있는 국회 기도회를 위해. 동경 부활절 집회, 하치오우지(八王子) 부활절 집회, 북동경 목사회, 서동경 목사회 등 동경에 있는 수가 적은 지역교회나 목사의 교제와 협력이 건전하게 성장되도록.

8일 기독교전문서점 중에 CLC Books 오챠노미즈텐(お茶の水店), 신주쿠의 Oasis Book Center, 긴자(銀座)의 교분칸(敎文館), 와세다의 AVACO Book Center, 외곽지역에 조금밖에 없는 다치가와(立川)복음 Center 등을 위해.

9일 기독교 정신 학교가 제각기 복음의 중심진리로부터 벗어나지 않도록. 또한 그 경영이나 교육 내용이 건전하게 유지될 수 있도록. 학생의 모집과 무엇보다도 크리스천 교사의 확보를 위해 기도하자.

10일 기독교 정신의 병원, 의원도 많은데, 특히 이타바시(板橋) 구의 세이시카이(誠志會) 병원, 스기나미 구의 구세군 Booth 기념병원, 쥬요(中央) 구의 성 누가 국제병원, 스미다(墨田) 구의 산이쿠카이(賛育會) 병원, 호스피스 병동을 가진 구세군 기요세(清瀬) 병원 등을 위해.

11일 네리마 킹스가든을 비롯하여 기독교 정신에 기초한 수많은 사회복지사업을 위해. 산야(山谷) 등에 있는 간이 숙박소에 살고 있는 날품팔이 노동자, 번화가 등에서 임시거처하는 홈리스(Homeless)들의 구원과 사회 복귀를 위해. 그들을 위해 급식 혹은 숙사(宿舍)를 제공하면서 복음을 전하고 있는 사역을 위해.

현청소재지 : 요코하마(橫浜) 시
행정단위 수 : 19시(市), 18정촌(町村)
면적 : 2, 414㎢
인구 : 8,324, 355명
인구밀도 : 3, 448. 4명/㎢
교회 수 : 510개
한 교회가 담당할 인구 : 16, 322명
교회 미설치 市 : 없음(※한 교회만 있는 市 : 1곳)
교회 미설치 町村 : 6곳(그 중 인구가 2만 이상인 町村 : 없음)
한국인 선교사 수 : 29명(24교회)

자연경관

관동지방 최남부 동남쪽은 미우라(三浦) 반도를 끼고 도쿄 만과 사가미(相模) 만에 면해 있고 서북쪽은 탄자와(丹澤) 산지와 하코네(箱根) 화산, 다마(多摩) 구릉과 다마가와(多摩川)가 경계를 이루고 있습니다. 요코하마, 가와사키(川崎)를 포함한 구릉지대는 도시화가 진척됨에 따라 자연이 파괴되고 있습니다. 사가미 만 연안에서 미우라 반도에 걸쳐서는 온난하지만, 탄자와나 하코네는 산지기후로 기온이 낮으며 또한 꽤 많은 강우량을 보입니다.

산업과 문화

현의 수도인 요코하마는 막부 말 최초로 개항한 가나가와에서부터 발전해, 지금은 오사카를 제치고 동경 다음가는 제2의 도시가 되었습니다. 1차산업 종사자 비율이 적음은 동경, 오사카에 이어 3위입니다. 농림업자가 감소하는 반면 원예작물이나 온실재배 등 도시 근교형 농업으로 생산성을 높이고 있습니다. 기간산업은 게이힌(京浜) 공업지대를 형성하는 대소(大小) 공업입니

다. 근년에는 요코하마에서 서쪽으로 쇼오난(湘南)방면 또한 사가미하라(相模原) 방면으로 연장되고 있습니다. 문명 개화의 발상지이고, 외국 문화의 영향을 많이 받는 국제 항구를 끼고 있기 때문에 진보적인 일면이 있는 반면, 동경을 의식한 지방성도 여러 곳에서 엿볼 수 있습니다. 내륙부는 아직도 보수적이며, 요코하마 지역으로 편입된 지역에서도 생활은 오래 전부터의 인습이 남아 있습니다.

도전과 희망

고래(古來)의 종교인 산악신앙의 오야마아후리(大山阿夫利) 신사가 유명합니다. 가마쿠라(鎌倉)에는 미나모토(源:일본 대표적인 무사가문)씨의 유적지인 츠루가오카 하치만구(鶴岡 八幡宮)와 중세 불교 재건의 거점으로서 많은 사원(寺院)이 있으며 로자노 다이부츠(露座の大佛)가 상징적입니다. 하세간농(長谷觀音)은 500년이나 더 오래된 8세기부터의 역사가 있습니다. 가와사키 다이시(川崎 大師)는 나리타 후도(成

田 不動)와 함께 하츠모데 참배자 수의 수위를 다투고 있습니다. 최초로 외국 선교사가 상륙한 요코하마는 이국문화에 친숙한 국제항으로서 기독교에 대한 위화감이 없고, 교회나 미션스쿨이 많은 곳입니다. 기독교의 이미지가 어울리는 요코하마나 쇼오난은 그 이점을 살려 적극적인 선교가 가능합니다. '항구가 보이는 크리스마스' 라는 이벤트에서 볼 수 있는 교회 간의 협력은 자랑스럽습니다. 요코하마 서부에서 사가미하라 일대에 펼쳐지는 신흥주택지대에는 인습적인 굴레나 전통적인 행사가 적기 때문에 복음이 침투되기 쉬운 이점이 있습니다. 그 예로서, 사가미하라(相模原) 시의 초교파적인 목사회가 성경학교, 노인 홈을 함께 운영하는 계획은 지역 중심의 선교의 모델이 되고 있습니다.

가나가와 현을 위해

12일 **도쿄도를 위해** (이전 페이지에 이어서)
복음파 거점으로 여러 기능을 발휘하고 있는 오챠노미즈(お茶の水) 크리스천 센터(OCCC)가 견고하게 유지되어 충분히 활용될 수 있도록. 전도를 위한 모든 집회, 어학교실, 모든 전도단체를 위한 시설제공 등의 사역이 원활히 운영되도록.

13일 도내(都內) 교회 미설치 마을 중 4곳은 이즈쇼토(伊豆緒島)의 도시마(利島), 고우즈시마(神津島), 미쿠라지마(御藏島), 아오가시마(青ケ島)의 네 마을로 모두 합쳐 1,500명이 안 되는 곳이다. 또 다른 한 곳은 일만 육천 이상의 인구가 있는 히노데(日の出) 마을인데, 아키루노(あきる野) 시로 둘러싸여 있기는 하지만 베드타운화가 진척되는 지역이기 때문에 가능성은 높다.

14일 **가나가와 현을 위해**
복음에 대한 위화감이 적은 요코하마, 쇼오난 지방은 교회도 많다. 역사가 오래된 교회는 주류파가 많은데, 전후(戰後)에 복음주의파도 반세기의 역사를 거듭하며 성장하고 있기 때문에 복음에 의한 일치가 도모될 수 있도록.

15일 기독교 전문 CLC Book 요코하마 서점, Life Center 요코하마 서점, 요코하마 그리스도교 서점을 위해. TV가나가와에서 방영되고 있는 3개의 복음 프로를 위해. '항구가 보이는 크리스마스' 의 지속적인 실시를 위해.

16일 리조트 지역을 옆에 두고 있으면서도 크리스천을 위한 연수 숙박시설이 적다. 아츠키(厚木)의 모토유다마가와칸(元湯玉川館), 기요가와(清川)의 탄자와(丹澤)홈 등을 위해. 운영상의 어려움 때문인지 폐쇄된 시설 등이 부활되도록.

17일 대표적 기독교 정신의 학교로서 훼리스 여학원(대학, 고교, 중학), 관동학원(대학, 여자전문대, 고교, 중학), 메이지(明治)학원대학 요코하마 교사(校舍), 아오야마(青山) 학원대학 아츠기(厚木) 캠퍼스, 도오요오에이와(東洋英和) 여학원 대학 등을 위해.

최근 과학기술의 진보는 컴퓨터의 개발 등에 의해 무서울 정도로 가속도적인 전개를 보이고 있습니다. 지금까지는 성역(聖域)으로 여겨졌던 인간의 생명에 관해서 조차도 여러 가능성뿐만 아니라, 꽤 진전된 실험도 행해지고 있습니다. 생명공학과 함께 생명윤리 확립의 필요성도 호소되고 있으며, 이 문제에 관해서는 종교 지도자들에게 국가적인 의견을 구하고 있습니다. 생명 문제는 과학, 철학, 종교의 세 분야가 깊이 관계되지 않으면 바르게 취급할 수 없습니다. 성경을 떠나서 성경의 권위를 경시하는 기독교는 단순한 휴머니즘으로 끝나고 맙니다. 20세기 말에는 인간중심의 상대주의적 휴머니즘으로는 해결할 수 없는 문제가 많아졌습니다. 성경의 권위성을 거절한 주류파 기독교회의 힘이 쇠퇴하고, 사회적인 발언권도 저하하는 한편, 지금까지 사회문제로의 관심이 낮았던 복음주의 교회의 세력이 증가해 그 필연적 결과로서 사회적 책임을 논의하게 되었습니다. 더하여진 경제력, 인재(人材) 등이 실제 사회적 행동에 쓰여지고 있습니다. 세계적 네트워크를 가지고 전개되고 있는 구제활동, 모든 계층에 걸친 복지활동, 신앙의 자유, 그 외 기본 인권의 옹호, 사회 정의에 관한 것들을 지금은 복음주의 크리스천과 교회가 적극적으로 추진하고 있습니다.

중부지방

일본 국토의 중앙, 혼슈(本州)의 중심을 차지하는 가장 폭넓은 지역입니다. 중부지방은 지리상의 정의에 불과하며, 행정이나 산업, 경제적인 면에서는 여러 가지로 구분되어 각 행정관청마다 분할방식이 다릅니다. 간토고신에츠(關東甲信越) 블럭이라든가 미에(三重) 현을 합해서 동해지방이라 하듯이, 인접한 현이나 지방과 합쳐 지역을 형성하는 경우도 있습니다. 지역이 넓은 데다가 평야지역과 산악지대, 나고야(名古屋), 주우쿄(中京) 지역과 같은 대도시도 있고 농산촌 지역도 있으며 태평양측과 일본해측의 차이도 있기 때문에 이 지방을 일괄하여 고찰하기는 곤란합니다. 특히 눈에 띄게 대조적인 것은 도카이도(東海道) 벨트(Belt) 지대와 호쿠리쿠(北陸) 3현일 것입니다. 호쿠리쿠 3현의 교회는 모두 합쳐 150개에 조금 모자라며, 신자 수도 6,207명인데, 동해(東海)지방은 시즈오카(靜

岡), 아이치(愛知)만도 541 교회, 신자 수는 32,297명이나 됩니다. 그러나 인구의 비율로 보면 시즈오카 현도 전국 평균보다 조금 많은 것으로 교회 부족 현상을 나타내고 있습니다. 한 개 도시를 뺀 모든 도시의 인구 증가가 계속되고 있는 아이치 현은, 인구 2만 이상이면서 교회가 없는 마을이 12곳으로 전국 1위입니다. 특히 나고야 주변의 개척전도는 급선무라고 할 수 있습니다.

18일 가나가와 현을 위해(이전 페이지에 이어서)
기독교 정신의 종합병원인 요코스카(橫須賀)의 기누가사(衣笠)병원, 네오(Neo) 복음진료소(요코하마)를 위해. 또 가와사키의 성 마라아나 의과대학 부속병원, 가마쿠라의 성 테레지아 병원 등 가톨릭계 병원도 복음 원리에 순종하여 은혜로운 의료를 행할 수 있도록.

19일 기독교 정신에 기초한 사회복지시설 가운데 역사와 특색이 있는 요코하마 쿤모우인(訓蒙院), 요코하마의 일본 미나카미(水上) 학원, 오오이소(大磯)의 Elizabeth Sanders Home, 유가와라(湯河原)의 시로야마(城山) 학원 등을 위해.

20일 가나가와 현의 아직 교회가 없는 6개 마을 중에 산간의 넓은 지역을 차지하는 기요가와(淸川) 촌에는 교회는 아니지만 기독교 시설 탄자와(丹澤) 홈이 있다. 다른 5개 마을은 모두 인접 마을 교회와 연결되기 쉽긴 하나, 가능하면 자치제 단위로 교회가 설치될 수 있도록 기도하자.

21일 생명 존중의 날(4월 23일)을 위해
인공 임신중절을 태아의 살인으로 간주하여, 그 방지와 모체보호(母休保護), 출산원조, 양자알선 등의 활동을 하고 있는, 작은 생명을 지키는 모임(PLJ:Pro Life Japan)을 위해.

22일 중부지방을 위해
중부지방에 있는 1,080 교회가 각 지역의 조건에 대응하여 성장 확대될 수 있도록. 지방 전체로서의 교회 밀도가 전국에서 제일 낮은 중부지방에 적어도 매년 20 교회가 증가될 수 있도록. 과거 10년 간 증가율이 낮았던 이시가와(石川), 기후(岐阜) 두 현을 위해 기도하자.

23일 중부지방에서 교회가 없는 료오츠(兩津) 시와 377 마을에 교회가 생기도록. 과거 10년 간 교회가 처음 생긴 것은 각 현의 1~3 마을이었다. 특히 인구가 2만 이상 되는 26 마을에는 긴급한 필요가 있다. 기후가 좋고, 교통이 편리한 도카이도(東海道) 벨트지대에는 기독교 정신의 양호시설이나 성도를 위한 연수시설이 필요하다.

니이가타(新潟) 현

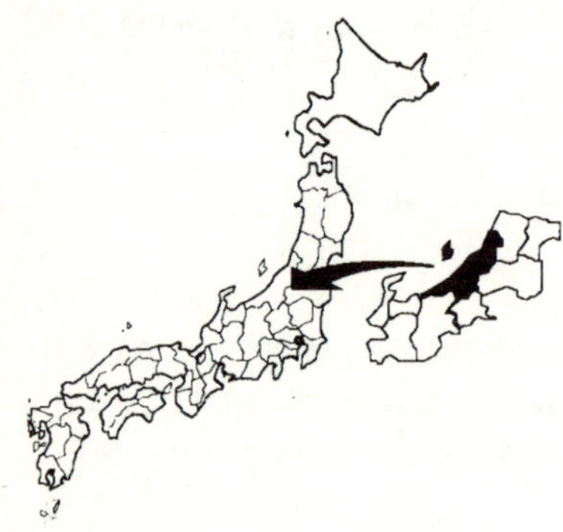

도청소재지 : 니이가타(新潟) 시
행정단위 수 : 20시(市), 92정촌(町村)
면적 : 12, 112㎢
인구 : 2, 487, 980명
인구밀도 : 205. 명/㎢
교회 수 : 95개
한 교회가 담당할 인구 : 26, 189명
교회 미설치 市 : 1곳(※한 교회만 있는 市 : 5곳)
교회 미설치 町村 : 75곳(그 중 인구가 2만 이상인 町村: 3곳)
한국인 선교사 수 : 1명(1교회)

자연경관

에치고(越後) 산맥을 뒤로 일본해 연안 약 250km, 폭도 150km나 되는 전국 5위의 면적을 차지하고 있습니다. "터널을 빠져나오면 은세계"라는 야스나리의 소설 『설국(雪國)』에서 표현하고 있는 이미지는 산 하나 지나면 나타나는 관동지방과는 너무나 대조적이기 때문일 것입니다. 북쪽 끝과 서쪽 끝은 각각 아사히(朝日) 산지, 히다(飛騨) 산맥의 바다를 향해 이어져 있어서 교통의 난소(難所)가 현 경계선을 이루고 있습니다. 중앙부는 아가노(阿賀野) 강과 시나노(信濃) 강이 만드는 에치고(越後) 평야, 다카다(高田) 평야가 펼쳐집니다.

우오노(魚野) 강을 따라 이어지는 골짜기는 전국 제일의 다설(多雪)지대입니다. 본토(本土)에서 30km 해상에 있는 사도시마(佐渡島)는 오키나와(沖繩) 섬에 다음 가는 8번째의 크기입니다.

산업과 문화

홋카이도에 다음 가는 전국 2위의 쌀 생산지인 니이가타는 '고시히카리(일본을 대표하는 쌀)'가 대표합니다. 해안의 사구(砂丘) 지대에서는 수박이나 특산품인 튤립이 생산되고 있습니다. 에치고 평야에서 나는 풍부한 천연가스는, 풍부한 수량에 의한 전국 3위의 발전량과 함께 니이가타나 나오에츠(直江津) 연안의 공업지대를 유지시키고 있습니다.

전통공업으로는 츠바메(燕) 시의 양식기(洋食器), 산죠(三條) 시의 칼 등이 있습니다.

그 밖에도 활동에 제약받는 겨울에는 "부탁 받으면 방아 찧으러 온다(돈이 되는 일이면 무엇이든지 한다는 뜻과 부탁 받으면 거절하지 못한다는 뜻을 가짐)"는 옛말이 있을 정도로 도쿄 등으로 돈벌이를 가는 사람이 많습니다. 동경의 목욕탕 경영자, 두부집 주인 중에 니이가타 현 출신이 많은 것도 양쪽 다 편한 직업은 아니기 때문입니다.

직장이나 이웃사람, 또는 친척 중에 신뢰할 수 있는 사람이 많다고 대답한 사람이 전국 1위였습니다.

어려운 조건 속에서 인내해야만 하는 이 지역 사람들의 필요에 맞추어 중세의 신흥불교가 이 지역에 침투했습니다. 사도(佐渡)에 유배된 일도 있는 법화종의 한 종파를 편 니치렌(日蓮)의 가르침과, 신란(親鸞)이 전했으며 그 신봉자를 문도(門徒)라고 하는 죠도신슈(浄土真宗)가 그것입니다. 전통적 신앙대상으로는 야히코산(彌彦山) 신사가 있고, 하츠모데 등에 다수의 참배자들이 오고 있습니다. 의식조사에 의하면 특히 신앙심이 깊다고는 할 수 없으며, 오히려 지역 공동체적 생활 패턴 속에 안주하고 있는 것같이 보입니다. 신간선이나 자동차 도로의 개통에 의해 수도권과의 시간 거리가 단축되고, 또한 러시아나 북한과의 교통 무역의 문호로서의 역할이 커지면서 여러 가능성이 부상되고 있습니다. 도시화 현상에 의해 잃어버리는 것도 있지만, 선교를 위해서는 문이 더 크게 열려지는 기회이기도 합니다. 과소화(過疎化)하는 산촌에까지도 선교의 팔을 내밉시다.

니이가타 현을 위해

24일 '세상의 빛 복음방송협력회'가 현 내 교회의 건전한 교제와 협력을 위해 좋은 역할을 해 갈 수 있도록. '죠에츠(上越)전도협력회'의 결속과 협력적인 모든 활동을 위해.

25일 기독교 전문인 Life Center 니이가타 서점, 세이코(清光) 서점의 사역을 위해. 현 내에 TV 복음프로 방영이 실현되도록. 니이가타 방송에서 내보내고 있는 라디오 복음프로그램 '세상의 빛'을 위해.

26일 어려운 조건 아래에서 오랫동안 지방의 전도자를 육성해온 니이가타 성서학원(구 가시와자키(柏崎) 성서학원)의 유지 지속을 위해. 인재와 재화(財貨)의 필요가 채워지도록. 시설의 영선(營繕), 활용을 위해.

27일 기독교 정신 학교로 세워진 지 30년이며, 1991년에는 대학을 설립한 게이와(敬和) 학원(시바타(新發田) 대학, 고교)을 위해. 기독교에 기초한 교육을 하는 학교가 현 내에 더 생길 수 있도록.

28일 기독교 정신 위에 세운 병원, 의원이 생기도록. 만약 있다면 그 존재가 확실히 나타나도록. 또한 거의 소개되어 있지 않지만 기독교의 사회 복지시설이 만들어지도록.

29일 니이가타 현 내에 교회가 하나도 없는 료츠(兩津) 시와 또한 75마을, 특히 인구 2만이 넘는 요시다(吉田), 무라마츠(村松), 시오자와(鹽澤) 마을에 빨리 교회가 생기도록. 6마을을 합쳐 인구 5만을 넘는 미시마(三島) 군의 어딘가에 교회가 생기도록 기도하자.

수많은 사회문제의 하나일 뿐만 아니라 그 문제들의 근간(根幹)에 있다고 할 수 있는 것이 가정붕괴 문제입니다. 교회학교 어린이들에게 이야기를 할 때, 아버지와 어머니를 예로 드는 것을 조심하지 않으면 안 될 정도로 결손가정, 특히 아버지가 없는 아이들이 많아졌습니다. 또한 부모가 있어도 단신부임(單身赴任)이나 원거리 통근 등으로 인해 아버지 부재의 가정이 많은 실정입니다.

서구 문화는 개인주의라고 말할 수 있지만 성경은 가정의 존중을 장려하고 있습니다. 기독교를 뺀 서양 문화를 쉽사리 도입한 것에 대한 잘못을 인정하고, 성경에 근거한 가정을 새로이 구축할 필요가 있습니다.

어린이를 내게로 데리고 오너라 (누가복음 18:16)

고령화 사회에 대한 관심이 높아지는 반면 어린이에 대한 관심은 엷어지고 있습니다. 한 가정에 한 자녀만 낳는 경우는 좀 나은 편이고, 아이를 갖지 않는 부부, 심지어는 sexless couple이 늘어나는 현상조차 보이므로 어린이 숫자의 증가를 기대하기 어렵습니다.

일본에서 현재 한 부부의 출생 자녀수는 1.37명입니다. 그렇다고 해서 아동 전도에 대해 관심이 희박해져서는 안 됩니다. 이유는 말할 것도 없지만, 어린이는 모두 어른이 되기 때문입니다. 정확한 통계는 없지만 관찰한 바에 의하면, 성인 크리스천의 꽤 많은 사람이 청소년기에 신앙을 갖게 되었고, 교회학교나 미션스쿨에 다녔음을

볼 수 있습니다. 그래서 이 시기에 기독교에 대한 많은 감화를 받았음을 볼 수 있습니다.

게다가 어른들보다 진리를 단순히 받아들일 수 있다는 점에서, 또한 앞으로 더 악화될 것으로 생각되는, 청소년을 둘러싼 죄악의 유혹이 숨어 있는 환경의 위험을 막는다는 점에서도 아동 전도는 중요합니다. 다만 이전에 비해 어려움을 느끼는 것은 어린이의 생활 패턴이 변했다는 사실이며, 그러므로 이 상황에 맞는 전도 전략의 개발이 필요합니다.

30일 일본 복음주의 교회의 대표적인 조직인 일본복음동맹(JEA) 산하에 있는 전문위원회의 하나인 원조협력위원회의 사역을 기억하자. 고베 대지진을 비롯하여 국내외를 불문하고 사랑의 지원을 보내고 있다.

1일 지원을 필요로 하는 개발도상국의 어린이 한 명을 일본의 한 사람이 매월 정액의 지원금으로 원조하는 Child Sponsorship, 그 외의 사역을 하고 있는 World Vision Japan을 위해.

2일 개발도상국의 빈곤과 기아가 복음의 문이 닫히게 한다는 인식하에 이런 나라들에게 크리스천을 보내어 원조활동을 추진하고 있는 일본 국제기아대책기구(Food for the Hungry)를 위해.

3일 〈헌법기념일〉 알콜중독, 등교거부, 임신중절 등의 문제를 주로 카운셀링, 치료 등 폭넓은 크리스천의 봉사활동을 추진하고 있는 치바 현 사쿠라(佐倉) 시의 Diaconia Center 사역을 위해. 붕괴된 가정 속에서 가장 고통받고 있는 어머니들의 필요를 위해. 하나님의 사랑을 알리고, 사랑의 그릇으로 새롭게 되어, 관용과 친절을 다해 육아에 임하는 어머니를 탄생시키는 것을 목적으로 하는 Mother's Counseling Center를 위해.

4일 일본 일요학교 조성협회를 전신으로, 전 연령층에 걸친 교회학교 활동자료의 제공, 교사, 성도 리더 양성을 도모하는 CS성장 센터의 사역과 발행하고 있는 통일교안지(統一教案誌)『세이죠(成長)』를 위해. 지역교회와의 협력으로 전 아동에게 복음을 전하여 구원으로 인도하며 교회에 연결시키기 위해 히카리노고카이(光の子會)의 개최나 CS교사 훈련회를 도우며 글 없는 책 등의 교재를 제공하는 일본 아동복음전도협회(CEF)와 아동전도학원을 위해.

5일 〈어린이날〉 중학생에게 성경의 진리를 전하고 기독교 신앙으로 인도하며, 매일 성경을 읽기에 도움이 되는 문서를 발행하고 있는 중학생 성경클럽협력회(CSK,성서동맹의 전도부문의 한 활동)의 사역을 위해.

일본에는 7,835개의 프로테스탄트 교회가 있습니다(Church Information Service 조사, 1999년 11월 현재). 로마 가톨릭 교회는 1,054, 러시아 정교회는 75(이상은 기독교연감 2000년 판에 의함), 거기에 교리상 다소 의문점이 있어 Church Information Service에서는 포함시키지 않은 몇 개의 그룹(단, 분명한 이단은 제외)을 첨가시키면 약 9,200 교회가 있습니다. 프로테스탄트는 160 이상의 교파와 교단이 있습니다. 교파, 교단의 규모는 1,726개의 교회가 있는 일본기독교단을 필두로 교회 수 300 이상의 두 교단, 이 세 교단의 합계는 프로테스탄트 전체의 3분의 2를 차지고 있으며 교회 수 100 이상인 10개의 교단이 있습니다.

일본기독교단, 성공회, 복음루터 뱁티스트연맹, 뱁티스트동맹, 재일대한기독교단, 그 외 단체가 가맹하고 있는 일본기독교협의회(NCC)는 주류파 교회의 대표적 조직으로 교회 수는 3,118개가 있습니다. 이에 비해 성경을 틀림없는 하나님의 말씀으로 믿는 복음주의 신학에 기초한 모든 교회의 연합체로서 일본복음동맹(JEA)이 있고 교회 수는 1,496개입니다. 물론 같은 성서신앙의 입장에 있으면서도 JEA에는 아직 가맹하지 않은 교단도 있고, NCC 산하에 있어도 복음주의적 신앙을 고백하는 교회가 많이 있기 때문에 아마도 일본교회의 과반수는 복음적, 소위 성서신앙의 입장을 고수하는 교회라고 말할 수 있겠습

니다.

NCC는 세계 각국에 있으며 제각기 세계교회협의회(WCC)에 가맹하여 전세계를 하나로 묶고 있습니다. 전체가 가톨릭이나 동방교회와의 합동을 목표로 하는 에큐메니즘(세계교회 합동운동)에 힘쓰고 있습니다. 한편 JEA도 세계 각국의 같은 입장으로 결성된 조직과 함께 세계복음동맹(WEF)에 가맹하고 있습니다.

복음파의 또 다른 세계적 연결고리로서 로잔세계선교위원회가 있지만, 일본 국내에서의 연락 창구는 닫혀진 상태였습니다. 그러나 최근 새로운 연락태세가 설치되게 되었습니다.

6일 전후(戰後) 학생 전도의 사명을 가지고 탄생한 오챠노미즈 학생 기독회관으로 친밀해졌고, 성서신앙에 기초한 일본 복음파 교회의 중심이 되어 발전적으로 개명(改名)한 오챠노미즈 크리스천 센터(OCC)를 위해.

7일 일본에서 선교 사역을 하는 선교사의 대표적 조직 JEMA(일본복음 선교사단: 약 1,200명의 서구선교사가 회원으로 있음)를 위해. 일본이 경제적 수준은 높아졌으나, 신앙적, 인격적 도움을 필요로 하고 있는데, 정말 일본이 필요로 하고 있는 외국 선교사들이 많이 파견되어 사역하도록 기도하자.

8일 일본 복음주의 기독교회의 대표적 조직인 일본복음동맹(JEA)이 '성경은 전부 틀림없는 하나님의 말씀이며, 신앙과 생활의 유일한 기준이다' 라는 신앙 기준에 서서 사역하며 발전하도록.

9일 해외선교 조사기관, 단체와 연계하여 국내외 선교 활동을 조사하고 지원하기 위해 세미나 개최, 출판 등의 사업을 하고 있는 칸사이(關西) 미션 리서치 센터(KMRC)를 위해.

10일 성경의 완전 영감을 믿는 복음주의 기독교 입장에 서서 신학적 연구를 행하며, 상호교류를 도모하고, 교회의 건전한 성장과 발전에 봉사하는 일본 복음주의 신학회 활동을 위해서 기도하자.

11일 일본에 있어서의 기독교 선교상의 모든 문제에 관해 학문적 연구를 추진하기 위해 연구자들이 상호원조, 정보교환, 출판조성 등을 목적으로 운영되는 동경미션연구소(TMRI)를 위해.

도야마(富山) 현

현청소재지 : 도야마(富山) 시
행정단위 수 : 9시(市), 26정촌(町村)
면적 : 4,247㎢
인구 : 1,126,782명
인구밀도 : 265.3명/㎢
교회 수 : 44개
한 교회가 담당할 인구 : 25,609명
교회 미설치 市 : 1곳(※한 교회만 있는 市 : 2곳)
교회 미설치 町村 : 18곳(그 중 인구가 2만 이상인 町村 : 2곳)
한국인 선교사 수 : 없음

자연경관

동쪽은 일본 알프스(히다(飛驒) 산맥), 남쪽은 히다고지 북부, 서쪽은 비교적 낮은 구릉으로 나뉘어지고, 북쪽은 도야마(富山) 만을 끼고 있습니다. 중앙은 진츠 강(神通 川), 쇼 강(庄 川)이 만드는 도야마 평야가 중심을 이루며, 동부는 구로베 강(黑部 川)을 낀 두 줄의 다테야마 연봉(立山 連峰)이 남북방향으로 달리고 있어 교통이 불편합니다. 겨울에는 눈이 많이 와서 산지에 풍부한 물을 축적시키는데 평지에는 해를 끼치지 않으며, 오히려 초봄의 푄 현상(산지를 넘어서 불어오는 고온 건조한 돌풍)으로 가끔 큰 화재를 발생시킵니다.

산업과 문화

경작지의 대부분이 논(水田)이며, 특히 쌀이 일찍 수확되는 지방으로 알려져 있습니다. 넓은 산지도 임업에는 적당치 않습니다. 수산업은 도야마 만 특산인 꼴뚜기 등의 연안 어업 외에 근해, 원양 모두 출어하며 가공업도 활발합니다. 풍부한 수력, 전력과 함께 공장용지, 항만설비,

노동인구 등의 조건이 갖추어져 있기 때문에 최근에는 농어업 현에서 중화학공업 현으로 급속히 탈바꿈하고 있습니다. 특산은 전통적인 약품 이외에 의료(衣料) 가구공업 등이 있습니다. 옛 지방 이름 에치젠(越前), 에치고(越後)가 나뉘어지고 남은 에츄고쿠(越中國)에 해당하는 도야마는 고대 고시고쿠(高志國)의 중심이었습니다. 나라(奈良)시대에 개척된 이래 지배층에는 여러 변화가 있었지만, 민중은 지역사회와의 결합을 강화하고 자기주장을 하지 않고 근면하며 금욕 생활을 지키고, 현실적으로 권위에 순종, 인내하는 경향을 강하게 지켜 왔습니다.

도전과 희망

신불(神佛)신앙이 두터운 것은 호쿠리쿠(北陸) 모든 현들이 공통적이지만 불교 신앙자의 비율이 전국 제일이라는 조사결과가 있습니다. 신슈(眞宗) 왕국이라 불릴 만큼 신란(親鸞)이 설법한 죠도신슈(浄土真宗)가 널리 신봉되고 있습니다. 현세 이익을 추구하는 안이한 신심(信心)이

아닌, 일본적 무상관(無常觀)에 뿌리를 둔 염불을 외워 후생(後生)의 안심을 얻으려고 하는 신앙이기 때문에 생활 구석구석까지 침투되어 있습니다.

이 죠도신슈도 그 때까지 받아들여졌던 구불교신도들의 반대나 박해를 두려워하지 않고, 그들을 개종시키기 위해 고카야마(五箇山) 깊은 곳까지 열심히 포교한 승려, 신도가 있었습니다. 도야마 현이 가장 교회가 적은 현의 하나라는 것을 안 외국 선교사가, 당시 교회 미설치 지역이었던 히미(氷見) 시에 자원하여 개척전도를 시작하여 교회가 설립된 것은 최근의 일입니다. 겉껍질은 단단하지만 일단 받아들이면 충실하고 인내심 강하게 믿음을 지킬 것입니다.

도야마 현을 위해

12일 불교의 영향이 강한 지역이기 때문에 더욱 수가 적은 교회 사이에 불신감을 제거하여 일치감을 만들어 낼 수 있도록.

13일 기독교 전문서점, 크리스천을 위한 연수·숙박시설도 전혀 없기 때문에 어떤 방법으로든지, 이런 것들이 생길 수 있도록. 북일본방송에서 보내는 라디오 프로그램 '세상의 빛', '성경이야기'가 쓰임 받을 수 있도록.

14일 복음 선교가 어려운 지역이기 때문에 기독교 정신의 학교가 필요하다. 현재 하나도 없기 때문에 기도가 필요하다. 현 내의 대학, 전문학교에서 배우는 크리스천 학생들을 위해. 교회에서 병설 운영하고 있는 4개의 유치원을 위해.

15일 금교령하에서도 의료선교가 이루어진 것처럼, 현대에 있어서도 외국의 의료선교의 길이 열리도록. 호쿠리쿠(北陸) 지역에 기독교 정신의 의료기관이 설립된다면 복음의 증거가 효과적이 될 것이다. 기독교가 아니면 목적을 달성할 수 없는 호스피스도 필요하다.

16일 기독교 정신에 근거한 사회복지사업도 거의 볼 수 없는 가운데 겨우 교회가 병설한 하나의 유치원과 3개의 보육원을 위해. 사업으로는 못 하더라도 사회복지사역에 종사하고 있는 크리스천들의 행동이 지역사회에 간증이 될 수 있도록.

17일 교회 미설치 지역인 나메리카와(滑川) 시와 18개의 마을, 특히 인구 3만을 넘는 고스기쵸(小杉町)에 교회가 생길 수 있도록. 대부분의 교회 미설치 마을은 거의 다테야마(立山)나 고카야마(五箇山) 등의 면적이 넓은 산악지대이며 인구는 그다지 많지 않다. 곤란 중에 있는 교회 설립이나 유지를 위한 길이 열릴 수 있도록.

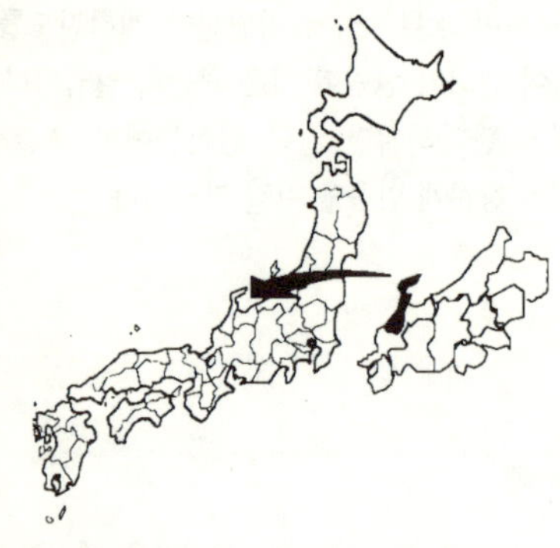

현청소재지 : 가나자와(金澤) 시
행정단위 수 : 8시(市), 33정촌(町村)
면적 : 4,185㎢
인구 : 1,175,511명
인구밀도 : 280,9명/㎢
교회 수 : 56개
한 교회가 담당할 인구 : 20,991명
교회 미설치 市 : 없음(※한 교회만 있는 市 : 2곳)
교회 미설치 町村 : 25곳(그 중 인구가 2만 이상인 町村 : 2곳)
한국인 선교사 수 : 없음

자연경관

혼슈의 일본 해안의 중앙에 위치하고, 북쪽은 노토(能登) 반도, 남쪽은 호다츠(寶達) 구릉과 료하쿠(兩白) 산지, 하쿠산(白山) 기슭의 구릉이 경계를 이룹니다. 복잡한 지역과 전형적인 일본 해성 기후로 여름, 겨울 모두 비가 많고, 해안을 빼고는 눈이 많은 지대입니다. 태풍 등의 자연재해는 적으며 하쿠산, 화산맥에 평행하여 온천도 많기 때문에 살기 편한 곳입니다.

산업과 문화

현의 남부 가가(加賀) 평야를 중심으로 일찍 수확되는 가가쌀로 알려져 있습니다. 현의 북부 반을 차지하는 노토 반도는 평지가 적어 밭농사나 과수를 하는 정도이며, 현 전체로서는 경지면적도, 농산물 생산액도 그리 많지 않습니다. 모든 순위는 도야마(當山)와 후쿠이(福井) 현 사이 정도입니다. 노토 반도 근해는 좋은 어장이어서 일본해쪽에서는 산인(山陰) 지역의 두 현에 다음 가는 전국 19위의 어획량을 가지고 있습니다. 전통공예로는 일본 제일의 옻칠기, 구타니야키(九谷燒)로 대표되는 도자기 등이 유명합니다.

전력 공급은 충분하지는 않지만 도야마, 후쿠이의 두 현과 연계하여 공업화가 진전될 것입니다. 전국(戰國) 시대 이후 일관하여 마에다가(前田家)의 소유 영토로서 가가 쌀 백만석의 안정사회가 계속되었습니다. 겨울의 추위와 일조 부족(日照 不足), 다설(多雪) 등 기후의 영향으로 보수적이고 소극적이지만 인내심이 강하며, 의식조사에서는 현재 생활에 만족한다는 대답이 전국 1위였습니다.

도전과 희망

마에다가(前田家) 지배 이래, 가마쿠라(鎌倉) 시대에는 죠도신슈(浄土真宗)의 세력이 강하고, 호쿠리쿠 일대에 세력을 넓힌 잇코잇키(一向一揆:무로마치(室町) 말기에 잇코슈(一向宗)의 승려, 신자들이 지배계급에 반항하여 궐기한 폭동)의 중심이었습니다.

소위 가가문도(加賀門徒)로, 토지의 지배를 잃고 난 후에도 민중의 마음을 오랫동안 지배해 오고 있습니다. 불교왕국이라 불릴 정도로 매주 사원에서는 설교회나 일요학교가 열리는 일이 많은 지역입니다. 불교 성격상 오래 전부터 신사신앙(神社信仰)이나 원시적 민간신앙도 혼합되어 각종의 제례행사도 활발히 이루어지고 있습니다. 16세기 말 기리스탄 탄압 초기에, 다카야마 우콘(高山右近:다카츠카(高槻)와 아카이시(明石)의 영주로서 기리스탄이 되었으나 도쿠가와의 박해를 받다가 추방되어서 마닐라에서 1614년 사망함)은 마에다가의 감시하에 놓였습니다. 그는 감시 아래에서도 열심히 전도하여 교회, 신학교를 설립하였고, 마닐라로 추방되기까지 25년 간 천명 이상의 신도가 생겼습니다. 메이지 초기에는 선교사의 사역으로 왕성한 전도가 이루어졌으며, 특히 중기(中期) 이후 호쿠리쿠 일원에는 메소디스트 교회가 활발한 활동을 하였습니다. 전후에도 3현 중에서는 전도가 가장 잘 이루어졌습니다.

이시카와 현을 위해

18일 호쿠리쿠 지방에서 처음인 TV복음방송 'Harvest Time'이 활용되도록. 호쿠리쿠 방송에서 내보내고 있는 라디오 프로그램 '세상의 빛'이 효과적으로 쓰임 받도록.

19일 크리스천을 위한 시설로 60명 수용의 캠프장으로도 사용할 수 있는 노토(能登) 성서교회를 위해서. '세상의 빛'을 후원하는 모임, 호쿠리쿠 선교대회, 그 외의 교제를 통해 복음적 교회의 건전한 교류와 협력이 도모될 수 있도록.

20일 기독교 전문서점 CLC Books가나자와점(金澤店)을 위해. 메소디스트 교회 부속서점으로서 긴 역사를 가지고 있는, 지금은 출판 부문 본사를 동경에 둔 후쿠인칸(福音館) 서점을 위해.

21일 1885년 가나자와 여학원으로 설립된 호쿠리쿠 학원(가나자와 여자전문대, 고교, 중학)이 호쿠리쿠의 유일한 기독교 정신 학원으로서 더욱 충실히 발전할 수 있도록. 몇 군데의 교회 부속유치원, 보육원을 위해서.

22일 프로테스탄트 계열 의원은 있으나 큰 병원이 없기 때문에 그 설립을 위해 기도하자. 복지시설로는 킹스가든 가나자와가 지역에서 좋은 간증이 되도록.
몇 군데 있는 아동복지시설을 위해.

23일 이시가와 현에서 교회 미설치 지역인 25 마을에 모두 교회가 생길 수 있도록. 특히 인구 4만을 넘는 노노이치쵸(野々市町), 2만 이상이 되는 츠루기쵸(鶴木町) 그리고 6 마을을 합쳐서 4만 명 가까이 거주하고 있는데 교회가 하나도 없는 가시마(鹿島) 군에 교회가 생기도록.

후쿠이(福井) 현

현청소재지 : 후쿠이(福井) 시
행정단위 수 : 7시(市), 28정촌(町村)
면적 : 4,189㎢
인구 : 828,087명
인구밀도 : 197.7명/㎢
교회 수 : 43개
한 교회가 담당할 인구 : 19,258명
교회 미설치 市 : 없음(※한 교회만 있는 市 : 1곳)
교회 미설치 町村 : 20곳(그 중 인구가 2만 이상인 町村 : 없음)
한국인 선교사 수 : 2명(1교회)

자연경관

오노(大野) 분지, 후쿠이 평야를 중심으로 하는 북부는 옛날에는 에치젠(越前), 츠루가(鶴賀) 만부터 서부로 복잡한 해안선이 계속되는 남부는 와카사구니(若狹國)였습니다. 동북부에서 서남부에 걸쳐 복잡한 산으로 둘러싸여 있고 북서측도 복잡한 해안선이 일본해에 면해 있습니다. 변화가 많은 해안은 가가(加賀) 해안, 와카사(若狹) 만의 연속되는 두 개의 국립공원으로 지정되어 있습니다. 겨울의 눈을 포함하여 연간 강우량이 많으며 지형의 영향도 있어 기후의 변화도 큽니다.

산업과 문화

면적에 있어서 호쿠리쿠 3현은 모두 전국 30위 이하이지만, 쌀 농사의 비율은 후쿠이 현이 도야마 현과 함께 수위를 차지하고 있습니다. 고시히카리 쌀의 원산지이기도 합니다. 이것과 필적하는 것이 섬유공업으로 비단, 인견으로, 최근에는 화학섬유에로 변천하였지만 대부분 가내수공업적인 기업입니다. 특산품으로는 전국 9할 이상을 차지하는 사바에(鯖江) 지방의 안경테가 있으며 이마다테(今立) 지방의 손으로 뜬 종이(和紙)는 대표적 전통공예입니다. 고난을 잘 견디며 현실적인 점은 호쿠리쿠 3현 모두의 공통점이며 인정이 두텁고 타인에게 친절하고 우호적이라는 인상을 줍니다. 거리적으로 가까운 간사이(關西)와의 교류가 많기 때문에, 다른 두 현보다 열려 있는 현입니다. 그러나 전통을 중시하고 집이나 가문을 중하게 여기는 기풍이 특히 강하며, 무엇이든지 집안 중심으로 생각하는 사람이 많습니다.

도전과 희망

불교 사원의 인구밀도가 전국 제일의 불교 현입니다. 죠도신슈가 호쿠리쿠 진출의 거점이 된 에치젠 요시자키(越前 吉崎)가 이시카와 현 경계 가까운 후쿠이 현 내에 있고, 도우겐(道元)이 개조(開祖)인 소도슈(曹洞宗) 대본산인 에이헤이지(永平寺)도 있어 불교 신도의 비율이 1위인 도야마 다음으로 많은 곳입니다. 그 세력을 자랑하는 모 민간 불교단체도 이 현에서만은 그다지 힘을 발휘하지 못한다고 합니다. 또한 불교뿐만 아니라 전통적인 제례나 연중행사 등을 좋아하는 사람이 많으며, 이것들은 집이나 지역에 깊이 연결되어 있습니다. 같은 불교이면서도 전통적 종파의 커다란 저항을 받으면서도 신흥불교로 개종된 역사는, 사람들의 갈급함이 있는 한 희생을 치루어서라도 진리의 길로의 전환이 가능하다는 것을 말해 주고 있습니다. 메이지 초기에는 캐나다 메소디스트 선교단이 과감히 전도하였고, 전후에는 노르웨이 자유 크리스천 전도단이 특히 이 현을 중심으로 착실히 사역을 추진하고 있습니다.

후쿠이 현을 위해

24일 적은 숫자의 교회가 복음에 기초한 교제와 협력관계를 만들 수 있도록. 각 교회에서 목사와 성도 그리고 성도 서로간에 깊은 이해와 신뢰가 유지되며 복음이 실천될 수 있도록.

25일 크리스천을 위한 연수·숙박시설이 없기 때문에, 만약 성도가 소유하고 있든지 혹은 경영하는 시설이 있으면 교회관계 이용을 위해 편의가 제공될 수 있도록.

26일 자유 크리스천 전도단이 설치한 후쿠이 크리스천 서점을 위해.
후쿠이 방송에서 내보내고 있는 라디오 복음방송 프로그램과, 매일 5분씩 방송되는 '세상의 빛', 매주 주일 10분씩 방송되는 '석양의 저편'을 위해.

27일 기독교 정신의 학교가 전혀 없는데, 언젠가 미션스쿨이 설립되도록. 9개소에 있는 교회 부속유치원이 원아를 모집하여 복음에 뿌리를 둔 인격 교육이 이루어질 수 있도록.

28일 기독교 정신의 병원, 의원, 사회복지시설도 없는데 이러한 사역들이 시작되어 선교 추진에 도움이 될 수 있도록. 크리스천 의사가 있다면 그 존재가 알려질 수 있도록.

29일 후쿠이 현의 20여 군데의 교회 미설치 마을에 교회가 생기도록.
4만에 가까운 인구가 거주하고 있는 여섯 마을로 구성된 니유우(丹生) 군에는 시미즈쵸(清水町)에 밖에 교회가 없는데 교회가 하나 더 생길 수 있도록.

야마나시(山梨) 현

현청소재지 : 고후(甲府) 시
행정단위 수 : 7시(市), 57정촌(町村)
면적 : 4,465㎢
인구 : 883,847명
인구밀도 : 198.0명/㎢
교회 수 : 63개
한 교회가 담당할 인구 : 14,029명
교회 미설치 市 : 없음(※한 교회만 있는 市 : 2곳)
교회 미설치 町村 : 39곳(그 중 인구가 2만 이상인 町村 : 없음)
한국인 선교사 수 : 4명(4교회)

자연경관

'산이 있어도 야마나시(山無し : 산이 없다)'라고 하는 내륙현입니다. 일본열도를 동서로 양분하는 fosse magna(大地溝帶)를 따라, 동은 관동 산지(關東山地), 서는 남알프스(아까이시(赤石) 산맥)에 끼여 있으며, 북은 야츠가다케(八ヶ岳), 남의 후지 산으로 둘러싸인 고후(甲府) 분지가 주요부분입니다. 미사카(御坂) 산지로 격리된 현의 동부는 군나이(郡內) 지방이라 불리며, 분지 지역과는 문화적 차이가 있습니다. 기후는 분지 특유의 겨울은 춥고 여름은 더운 기후이며, 주야의 일교차가 크며, 눈이 적고 태풍의 피해도 크지 않습니다.

산업과 문화

기후나 지형의 조건에 비하면 쌀의 수확량은 많은 편이나, 전체 경지율로 볼 때 수확량은 전국에서도 극히 낮은 수준입니다. 옛날에는 양잠이 활발했으나, 지금은 포도, 복숭아 등의 과수 생산이 주산물이 되어 전국 1위입니다. 환경적으로 중공업은 적합하지 않고, 섬유, 식품가공 등의 경공업이 전통공업을 계승하여 발달하고 있습니다. 야츠가다케(八ヶ岳), 후지 산(富士 山), 그 주변부는 절호의 리조트 지역입니다.

전국시대 다케다가(武田家)의 멸망 후에는 다이묘오(大名)를 두지 않고 막부 직할의 텐료(天領 : 천황 직할의 영지)로 있었기 때문에 독특한 기풍이 배양되었습니다. 사면이 산으로 둘러싸여 있어 지역 공동체의 결합이 강하며, 친척이나 이웃 교제의 친밀도는 전국 1위입니다. 반면에 이해득실(利害得失) 관계에 민감하며 금전에 대한 집착이 많다고 합니다.

도전과 희망

의식조사에 의하면 야마나시 현민의 종교적 성격은 강하지도 약하지도 않고, 이렇다 할 특색은 없습니다. 지금도 현민이 애착을 가지고 있는 다케다신겐(武田信玄 : 전국시대의 무장, 고후의 구영주)의 말인 "사람은 성(城), 사람은 돌담(성, 성벽을 쌓는 것은 사람으로서 사람이 성보다 더 중요하다는 뜻)"이 상징하는 기풍이 있고, 눈에 보이지 않는 것보다 눈앞의 현실을 중시하는 경향이 있습니다. 현 남부의 미노부(身延)는 니치렌(日蓮)이 수행을 위해 은거했던 곳으로 후에 니치렌슈(日蓮宗)의 본산이 자리를 잡게 되었습니다.

최초의 선교는 1877년 메소디스트 선교사에 의해 시작되어, 고후에 영어학교(현재 야마나시 에이와(英和) 학원)를 개설하고 현 내 각지에 강의소(講義所)를 마련하여 전도하였습니다. 고후에는 각 교파의 교회가 설립되었지만 농촌지역에는 아직 부족한 상태입니다. 철도나 자동차 도로의 정비로 동경과의 시간 거리가 단축되고, 현민 의식도 조금씩 도시화되고 있기 때문에 지역 연대의 벽도 점차로 무너지고 있습니다.

야마나시 현을 위해

30일 Paul Rush 선교사의 비전과 신앙으로 식량, 보건, 청년에 대한 희망을 3대 목표로 하여 야츠가다케 산록에 전개된 종합사업의 하나인 연수 숙박시설인 세이센료를 위해.

31일 크리스천을 위한 숙박 캠프시설인 Torch Bearers 야마나카코(山中湖), 동경 YMCA 야마나카코 센터, 가미구이시키(上九一色)에 있는 모토스(本栖) 크리스천 캠프, 시온성서 캠프장(야마나카코), 그 외의 몇 군데 있는 펜숀을 위해.

1일 기독교 전문서점인 Direction(고후)를 위해. 야마나시 방송의 라디오 복음방송 프로그램인 '복음의 시간'을 위해. 야마나시 현 교회 일치 간담회와 그 사역을 위해.

2일 기독교 정신의 학교로 역사가 깊은 야마나시 에이와 학원(고후:여자전문대, 고교, 중학)을 위해. 고후에 있는 각종 학교로 설립된 나카야마짓센(中山實踐) 학원, 후지(富士) 조리사 전문학교를 위해.

3일 기독교에 기초한 의료기관인 다카네(高根)에 있는 기요사토(清里) 성 누가 진료소를 위해. 또한 복지시설인 오오츠키(大月)의 돈구리(도토리) 목장, 후지요시다(富士吉田)의 호산나원, 이치가와다이몽(市內大門)에 있는 히카리노이에(光の家:빛의 집) 학원을 위해.

4일 야마나시 현에서 아직 교회가 없는 39마을에 교회가 생길 수 있도록. 미나미츠루(南都留) 군의 9마을의 인구는 5만 정도로, 교회는 가와구치코(川口湖) 마을에 하나밖에 없다. 과소 경향 속에서 인구가 조금씩 늘어나고 있는 야마나시 시도 인구 3만 이상으로 교회가 하나밖에 없다. 하나 더 생길 수 있도록 기도하자.

현청소재지 : 나가노시(長野市)
행정단위 수 : 17시(市), 103정촌(町村)
면적 : 13,585㎢
인구 : 2,200,468명
인구밀도 : 162.0명/㎢
교회 수 : 153개
한 교회가 담당할 인구 : 14,382명
교회 미설치 市 : 없음(※한 교회만 있는 市 : 없음)
교회 미설치 町村 : 75곳(그 중 인구가 2만 이상인 町村 : 1곳)
한국인 선교사 수 : 3명(2교회)

자연경관

일본열도 한가운데의 내륙현으로서 면적은 후쿠시마(福島)에 다음 가는 제 4위, 동경주변의 1도 3현을 합친 넓이입니다. 서부에는 일본 알프스라 불려지는 히다(飛驒), 기소(木曾), 아카이시(赤石)의 3 산맥이 남북으로 달리며, 그 사이에 기소(木曾) 강과 덴류(天龍) 강이 흐릅니다. 동북부는 화산이 많고 사쿠(佐久), 나가노(長野) 등 분지를 만든 지쿠마강(千曲川)과 사이강(犀川)이 합류하여 시나노강(信濃川)이 되어 일본해로 흘러갑니다. 중앙에는 fosse magna를 따라 마츠모토, 스와 분지가 있습니다. 기후는 대륙적이며 한랭하며, 강수량은 적고 저지대에서는 눈 피해도 없습니다.

산업과 문화

1차산업 종사자 비율이 관동에서부터 긴키(近畿) 지역 가운데 가장 많은 농업현인데, 평지의 비율이 적기 때문에 농업 생산액은 면적에 비해 적으며 전국 제 10위입니다. 쌀, 보리 등의 수확량은 많지 않으나 양상추, 샐러리가 전국 1위이며 사과, 포도가 2위를 차지하고 있습니다. 옛날에는 번영했던 제사업(製糸業)도 지금은 위기상태입니다. 스와(諏訪) 지역의 정밀기계공업 등 시대에 맞는 산업도 기대되고 있습니다. 고대에 이미 꽤 많은 주민과 고도의 문화가 있었던 시나노구니(信濃國)는, 전국시대 이후 에도(江戸) 시대에 걸쳐 몇 개의 작은 나라로 나뉘어졌습니다. 몇 세기에 걸쳐 통합되었으나, 현 내에도 많은 지역 차가 있습니다. 교육현이라 불리며, 교육열은 다른 현보다 앞서 있습니다.

도전과 희망

나가노의 상징과 같은 젠코지(善光寺)가 있음에도 의식조사에서는 사후(死後)의 세계가 있을 리 없다고 대답한 사람이 가장 많은 현입니다. 그러면서도 신불(神佛)에 의지하는 사람의 수는 적지 않습니다. 실리주의와 현세주의가 강한 반면 애니미즘(자연숭배)에 원류(源流)가 있는 조상숭배도 비교적 강한 것 같습니다.

전국에 지금도 있는 후지코(富士講:후지산 숭

배자가 조직한 단체로 신도들은 흰옷을 입고, 여름에 산에 올라가 방울소리를 내며 반야심경 등 주문을 낭독하며 기원함)나 온다케코(御岳講:남알프스의 3,036m의 온다케 산 정상에 있는 神社를 숭배하는 신사신도파의 하나) 등 산악종교의 잔재인 민간신앙이 나가노 현 내의 다카야마(高山)에서 생겼습니다. 다른 곳에서 입신한 현민이나 외국 선교사의 사역으로 메이지 초기 먼저 우에다(上田), 다음으로 나가노(長野), 마츠모토(松本), 이나(伊那) 등의 요소에 교회가 설립되었습니다. 완고한 편이지만 한번 받아들이면 쉽게 버리지 않는 것이 신슈인(信州人)의 기질입니다. 선교사들의 피서지, 은퇴지로서 개발된 가루이자와(輕井澤)나 노지리코(野尻湖)는 원주민들에게 기독교 문화와의 접촉기회를 주어 간접적 선교에 기여하고 있습니다.

나가노 현을 위해

5일 메구미샤레 가루이자와(輕井澤), 마츠바라코(松原湖) 바이블 캠프, 동경YMCA 노베야마(野辺山) 고원Center, YMCA노지리(野尻) 캠프, 동경YWCA 노지리 캠프장, 그 외의 많은 크리스천 대상 숙박시설 펜숀 등을 위해.

6일 기독교 전문서점인 Life Center 나가노 서점, 우에다(上田) 바이블 센터, 마츠모토의 풍성한 생명성서서점을 위해. 신에츠(信越)방송에서 내보내는 라디오 복음 프로 '세상의 빛' 과 '참된 구원' 을 위해.

7일 기독교정신 학교는 가톨릭계의, 나가노에 있는 세이센(精泉) 여학원의 전문대와 고교가 있을 뿐이므로, 프로테스탄트 학교가 설립될 수 있도록.
각지에 있는 교회부속유치원을 위해.

8일 기독교에 기초한 의료기관, 산이쿠카이도요노(贊育會豊野) 병원, 오부세(小布施)에 있는 신세이(新生) 병원과 각 부속시설인 고령자 복지시설을 위해. 나가노의 아이와(愛和)내과병원을 위해. 그 외에도 있으리라 생각되는 크리스천 의사들을 위해.

9일 지체장애자를 위한 복지시설, 카르디이아 카이 우에다 이즈미엔(chaldea會上田泉園)을 위해. 아동복지시설인 가루이자와의 고보칸 구츠가케가쿠소(興望館 沓掛學莊)를 위해. 그리고 각지의 교회부속보육원을 위해.

10일 나가노 현의 교회미설치 75마을을 위해 기도하자. 10마을로 구성된 인구 5만 5천인 히가시치쿠마(東筑摩) 군에는 교회가 하나도 없다. 16마을의 시모이나(下伊那) 군에는 교회가 두 군데 있으나 인구는 7만을 넘는다.

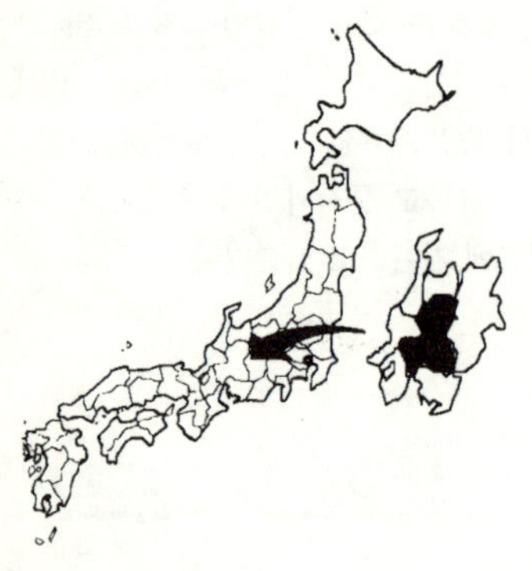

현청소재지 : 기후(岐阜) 시
행정단위 수 : 14시(市), 85정촌(町村)
면적 : 10,598㎢
인구 : 2,108,530명
인구밀도 : 199.0명/㎢
교회 수 : 85개
한 교회가 담당할 인구 : 24,806명
교회 미설치 市 : 1곳(※한 교회만 있는 市 : 4곳)
교회 미설치 町村 : 65곳(그 중 인구가 2만 이상인 町村 : 4곳)
한국인 선교사 수 : 2명(2교회)

자연경관

면적은 전국 7위이지만, 가주지(可住地) 비율은 고우치(高知) 현 다음으로 적습니다. 노비(濃尾) 평야의 북부의 반을 차지하는 남부의 미노(美濃) 지방과, 다카야마(高山) 분지를 2천 미터급의 산들이 둘러싼 히다(飛驒) 지방과는 매우 대조적입니다. 미노 지방은 온난하며 좋은 날씨가 많으나, 서부는 비가 많으며 눈 피해를 당하기도 합니다. 히다 지방은 고산성 내륙형 기후로 겨울 추위가 혹독하며 연간 강우량도 많고 산지에는 많은 눈이 내립니다.

산업과 문화

경작지가 집중해 있는 곳은 치수공수가 진척된 미노 지방으로 쌀이나 야채를 생산합니다. 히다 지방은 광대한 삼림을 끼고 있어 임업이 활발합니다. 평지나 산지의 극단적인 대조를 보여 현의 경제수준은 평균적으로 보면 좋지도 나쁘지도 않은 편입니다. 광공업도 납(鉛), 아연(亞鉛)을 산출하는 가미오카(神岡) 광산 외에는 대규모 공업은 적은 편입니다.

모든 방면의 세력이 서로 부딪히는 미노 지방은, 오바리(尾張), 아이치(愛知) 현의 미가와(三河)와 함께 전국시대의 군웅들이 경쟁하여 미노(美濃)를 대표하는 오다 노부나가(織田 信長)를 비롯하여 많은 무장(武將)을 탄생시켰습니다. 의식조사에서 기후 현민은 역사의 찬란함에 반해 보수적일 뿐 아니라 생활 만족도가 강하며, 타인에 의존하지 않는 열심히 사는 일꾼들이 많다는 결과가 나와 있습니다.

도전과 희망

같은 의식조사에 의하면 사후(死後) 세계의 존재를 부정하는 사람의 수가 전국에서 네 번째로 적은 현입니다. 이것은 호쿠리쿠(北陸) 3현에 이어 불교신자가 많은 것과 무관하지 않습니다. 죠도신슈히가시혼간지(浄土真宗 東本願寺)의 돈상자라고 불리며 현 내 각지에 같은 절의 별원(別院)이 서 있습니다. 전통적 종교행사로는 일본 3대 축제의 하나인 다카야마 마쯔리(高山祭)가 봄·가을로 열리며, 커다란 신장을 보이고 있는 신흥종교 스우쿄마히카리(崇敎眞光)가 세계 총본산 대신전을 다카야마에 건축했습니다. 일본 선교의 책임감을 느낀 스웨덴의 Franson목사에 의해 생겨난 스칸디나비아 Alliance Mission (현재의 TEAM)이 일본의 가장 외진 지방으로 선택한 한 곳이 히다 지방이었습니다. 여기서 시작된 일본 동맹교단은 1994년 일본 선교 백주년 기념대회를 다카야마에서 열었습니다. 교통, 통신이 발달한 현대에는 상상할 수 없는 수많은 어려움 속에서 주님은 풍성한 수확을 내려 주셨던 것입니다.

기후 현을 위해

11일 기후 현 기독교연합회의 사역을 위해. 또한 연합회에 참가하고 있지 않은 북부의 모든 교회의 교제와 협력을 위해. 북부에 설립, 계획중인 종교법인에 의한 노인홈 건설을 위해.

12일 크리스천을 위한 시설인 고쿠후(國府)의 아브라함의 집, 다카네(高根)에 있는 나고야 YMCA 히와다(日和田) 고원 캠프장, 에나(惠那)의 네오 크리스천 산소(根尾 Christian 山莊)와 참새의 집 기독교회관을 위해.

13일 기독교 전문서점인 기후 오아시스를 위해. 나고야에 나가기 힘든 북부지방에서도 신앙 서적을 구하기 쉬워지도록. 기후 방송을 통해 TV 프로그램을 내보내고 있는 'Harvest Time', 라디오 프로그램인 '세상의 빛'을 위해.

14일 기독교 정신 학교로는 기후 세이비 학원(濟美學院)(중부 여자전문대, 세이비 여자고교) 밖에 없으므로, 가능하면 북부에 남자고교도 생기도록. 크리스천 교사들을 위해.

15일 점자도서관, 아이모우칸(愛盲館)을 설치하는 기독교 사회복지시설 기후훈맹협회(訓盲協會)를 위해. 기후 시의 일본아동육성원을 위해. 요시기(吉城)에 있는 할렐루야홈(망향원)을 위해. 기독교에 기초를 둔 병원, 의원을 찾아볼 수 없는데 반드시 생기도록.

16일 기후 현에서 교회가 없는 미노(美濃) 시는 작아서, 주변의 마을 교회와 연결될 수는 있으나 가능하면 지역교회가 있으면 좋겠다. 인구 2만 이상으로 교회 미설치 지역인 이케다(池田), 오오노(大野), 기난(岐南), 고베(神戸) 마을에도 교회가 생기도록. 6만 5천의 인구가 거주하면서도 교회가 하나밖에 없는 도키(土岐) 군, 하시마(羽島) 시에도 한 교회가 더 있으면 좋겠다.

현청소재지 : 시즈오카(靜岡) 시
행정단위 수 : 21시(市), 53정촌(町村)
면적 : 7,779㎢
인구 : 3,754,758명
인구밀도 : 482.7명/㎢
교회 수 : 231개
한 교회가 담당할 인구 : 16,254명
교회 미설치 市 : 없음(※한 교회만 있는 市 : 3곳)
교회 미설치 町村 : 23곳(그 중 인구가 2만 이상인 町村 : 2곳)
한국인 선교사 수 : 8명(7교회)

자연경관

중부지방의 남동부에 있으며 하코네(箱根), 후지(富士) 산, 아카이시(赤石) 산맥으로 삼면이 나뉘어지고, 남부는 이즈(伊豆) 반도, 츠루가(鶴河) 만을 포함한 독특한 지형의 동부와 오마에자키(御前崎)에서 아츠미(渥美) 반도까지의 단조로운 해안선이 만드는 엔슈나다(遠州灘)에 면해 있고, 평범한 구릉지대가 이어지는 서부와는 Fosse magna(中央地溝帶)로 나뉘어집니다. 옛날에는 내해(內海)였던 것이 모래언덕으로 차단되어 생긴 하마나(浜名) 호는 일본에서 10번째로 큰 호수입니다. 태평양 연안 특유의 온난다우(溫暖多雨) 기후로서 엔슈나다는 연간 일조시간이 일본에서 가장 길다고 합니다.

산업과 문화

교통, 자원, 인구 조건의 혜택으로 경제력의 모든 지표는 대략 전국 10위인데, 공업부분이 5위에서 7위 정도인 것은, 하마마츠(浜松) 부근이나 츠루가만 연안 등의 도카이도 벨트지역 공업화 때문입니다. 농업에서는 차(茶), 온실 메론, 귤, 딸기 등이 전국 1위, 수산업도 어획량이 일본 1위인 가다랭이(가츠오)를 포함하여 총 톤 수로는 전국 8위입니다.

해안선을 따라 산이 막혀 있고, 대하천이 몇 줄기나 되므로 고대 동서교통은 나카야마도(中山道)가 주된 도로였습니다. 도카이도(東海道)가 개통되고, 근년에는 기간동맥(基幹動脈)으로써 철도, 도로가 정비됨에 따라 도쿄와 간사이(關西)의 양 문화에 영향을 받으며 전체적으로 도시화가 이루어지고 있습니다. 소위 도카이도(東海道) 메가폴리스 구상을 탄생시키는 지반(地盤)이 되고 있습니다.

도전과 희망

시즈오카 현민의 종교적 의식은 평균 혹은 그 이하로, 현세 이익에는 민감하나 신불(神佛)을 의지하는 풍조는 강하지 않습니다. 집안이나 전통을 중시하는 점도 상위(上位)는 아니며 지역에의 의존, 신뢰도 강하지 않은 반면, 타인에게는 친절하며 개방적이라고 여겨지고 있습니다.

예로부터 후지(富士) 신앙의 원천인 후지노미야센겐신사(富士宮淺間神社)가 있고 같은 후지노미야 시에는 소카각카이(創価学会)의 출소(出所)인 니치렌세이슈(日蓮正宗)의 다이세키지(大石寺)가 있습니다. 도시화가 이루어지면서 지역이나 가족의 지배를 강하게 받지 않는 이점은 있으나, 반대로 개인의 세계 속에 틀어박히는 결점도 있습니다. 교회 수의 증가가 인구증가에 미치지 못하기 때문에 앞서가서 개척전도를 해야만 하는 곳이 많이 있습니다. 시즈오카(靜岡)와 미시마(三島)는 메이지 초기 전도의 거점으로서 이즈(伊豆)에는 Aliance 선교단의 도전이 있었습니다. 임마누엘 종합전도단은 전후(戰後), 시즈오카를 중심으로 9개의 교회를 개척했습니다.

17일 시즈오카 세이분샤(聖文社), Life Center 시즈오카 서점, Life Center 도요하시(豊橋) 서점, 하마마츠(浜松) 크리스천 서점 오오조라(大空)를 위해. 시즈오카 제일TV 방영의 'Life Line', 'Harvest Time', 시즈오카 방송의 라디오 프로그램 '복음의 시간'을 위해.

18일 크리스천을 위한 숙박시설도 많다. 고텐바(御殿場)에 있는 도잔소(東山莊), 아마기유가시마(天城湯ケ島)의 아마기산소(天城山莊), 시즈오카의 우메가시마(梅ケ島) 루터캠프장, 고사이(湖西)의 하마나코(浜名湖) 레게르고도(House of God), 밋카비(三ケ日)에 있는 하마나후쿠인소(浜名福音莊), 그 외의 시설을 위해.

19일 기독교 정신 학교인 시즈오카 에이와(英和) 여학원(전문대, 고교, 중학), 하마마츠에 있는 시미즈 국제고교, 중학, 하마마츠의 세이레이(聖隷) 학원(크리스토퍼 간호대학, 하마마츠 위생단기대, 고교, 간호복지전문학교)를 위해.

20일 미카타가하라(見方原) 병원, 누마즈(沼津) 병원, 하마마츠 병원, 건강진단센터, 부속복지시설 등을 포함한 세이레이 복지사업단의 사역을 위해. 오랜 역사가 있는 가미야마후쿠세이(神山 復生) 병원을 위해. 하마오카(浜岡)에 있는 산이쿠카이도카이(贊育會東海) 진료소를 위해.

21일 기후나 교통편이 좋아 꽤 많은 복지시설이 있는 가운데 지적장애자시설로 고덴바에 있는 무사시노카이(武藏野會) 사쿠라 학원, 후지 학원, 고령자시설로 호소에(細江)에 있는 하마나코에덴노소노(浜名湖エデンの園), 고덴바, 이즈다카하라(伊豆高原), 하마마츠 등에 있는 쥬지노소노(十字園)를 위해.

22일 시즈오카 현에서 교회가 하나도 없는 23 마을에 교회가 생기도록. 인구 2만 7천인 요시다(吉田)마을의 교회 개척이 시급하다. 5개의 마을로 구성되어 10만 인구인 오가사(小笠)군에는 2개의 교회밖에 없다. 인구 2만인 다이토(大東)마을이 다음 교회 개척 후보지이다.

아이치(愛知) 현

현청소재지 : 나고야(名古屋) 시
행정단위 수 : 31시(市), 57정촌(町村)
면적 : 5,152㎢
인구 : 6,875,723명
인구밀도 : 1,334.6명/㎢
교회 수 : 310개
한 교회가 담당할 인구 : 22,180명
교회 미설치 市 : 없음(※한 교회만 있는 市 : 3곳)
교회 미설치 町村 : 37곳(그 중 인구가 2만 이상인 町村 : 12곳)
한국인 선교사 수 : 13명(10교회)

자연경관

혼슈(本州)의 거의 중앙에 위치하며, 동부의 미카와(三河) 지방은 기소(木曾) 산맥 남단을 이루는 미카와 고원과 그 양쪽으로 도요하시(豊橋), 오카자키(岡崎)의 두 평야가 해안을 향해 펼쳐집니다. 동서로 뻗어 서로 마주보는 아츠미(渥美), 치다(知多)의 두 반도가 미카와 만(灣)을 안고 있습니다. 서부의 오와리(尾張) 지방은 노비(濃尾) 평야의 남부의 반을 차지하며 기소, 나가라(長良), 이비(菱靡)의 세 강이 현 경계선을 이루며 합류하여 이세(伊勢) 만으로 흘러갑니다. 기후는 온난다우하며, 겨울은 건조합니다.

산업과 문화

인구는 도쿄, 오사카, 가나가와 다음으로 4위, 나고야를 중심으로 제3의 경제 문화권으로 쥬쿄(中京:중부의 도쿄)의 이름에 걸맞는 지역입니다. 예로부터 농업현으로 지금도 총생산액이 전국 6위이며, 특히 에도 시대부터 활발한 야채는 4위로 야채 원예왕국이라 불릴 정도입니다. 양계도 채란용(採卵用)으로는 3위입니다. 공업은 게

이힌(京浜: 도쿄와 요코하마 지구), 한신(阪神: 오사카와 고베 지구)에 이어 쥬쿄(中京) 공업지대를 형성하여, 이세 만 연안을 욧카이치(四日市) 방면과 치다(知多) 만으로 확대시켜 중화학 공업 비율이 증대하고 있습니다. 도쿠가와고산케(德川御三家)의 하나인 오와리 나고야(尾張名古屋)는 성(城)을 자랑하는 오와리(尾張)와 도쿠가와가(德川家)의 발상지인 미카와(三河), 그리고 중앙대동맥인 도카이도(지금은 신간선과 고속도로) 연선(沿線) 상의 최요지가 아이치 현입니다. 아이치 현민은 역사적 배경 때문인지 사회, 정치에 대한 소외감이 강하다고 합니다.

도전과 희망

현실주의적 경향이 강한 탓인지 무상관(無常觀)을 가진 사람 수가 대단히 많습니다. 불교 신자 수가 비교적 많은 반면 전통적 제례 등은 화려하지 않습니다. 전국적으로 알려진 신사나 절로는 도요가와 이나리(豊川 稻荷) 신사가 있습니다. 절의 수호신이 신앙 대상이 된 신불 혼합

의 소산입니다. 아츠타진구(熱田神宮)는 일본 무존(武尊)과 관계가 있어서, 그 쿠사나기노츠루기(草薙の劍:일본 황실의 3종 神器의 하나인 검)를 모셨다는 것으로 전시 중에는 특히 이세진구(伊勢神宮) 다음으로 숭배되었습니다. 매년 하츠모데때는 지금도 많은 사람들이 모이고 있습니다.

나고야 주변은 급속한 시가지화의 진행으로 인구가 증가하고 있습니다. 그럼에도 불구하고 교회는 별로 늘지 않았습니다. 뉴 타운에는 전통적인 종교도 인습도 없고, 사람들의 마음이 메말라 있습니다. 최근 몇 개 교파, 선교단이 개척전도에 착수, 교회 형성에 도전하고 있으나 더욱더 필요가 절실합니다.

아이치 현을 위해

23일 나고야 주변의 뜻있는 교회에 의해 형성되어 있는 동해선교회의(東海宣敎會議)의 교제와 협력을 위해. 지역에 뿌리를 내리고 폭넓은 복음의 봉사자를 양성하고 있는 초교파 도카이세이쇼신가쿠쥬쿠(東海聖書神學塾)를 위해.

24일 기독교 전문서점인 CLC Books 나고야점, Life Center 나고야 서점, 나고야 세이분샤(聖文社)의 사역을 위해. 중부 일본 방송으로부터의 라디오 프로그램 '그리스도에로의 시간', '성서이야기'를 위해.

25일 기독교 정신 학교로서 유서 깊은, 나고야에 있는 긴죠가쿠인(金城學院)(여자전문대, 고교, 중학), 나고야 학원(고교), 세토(瀨戶)에 있는 나고야 학원대학, 나고야의 류죠(柳城) 여자단기대학 외에 YMCA, YWCA의 전문학교를 위해.

26일 기독교 정신에 기초한 의료기관인 아이치 국제병원과 모두 닛신(日進)에 있는 노인보건시설 아이센칸(愛泉館) 아가페 클리닉을 위해. 이누야마(犬山)에 있는 아동양호시설 이츠기칸(溢愛館)을 위해.

27일 인구가 많은 쥬쿄권(中京圈)은 크리스천도 많기 때문에, 같은 신앙에 서서 이루어지는 크리스천 의료, 복지활동이 좀더 있으면 좋겠다. 아직 알려지지 않은 것도 있으므로 정보 제공을 해주길 바란다.

28일 아이치 현에서 교회가 하나도 없는 37마을을 위해 기도하자. 치다(知多) 군에는 5마을, 15만의 인구가 살고 있는데 교회는 다케도요(武豊) 마을에 한 군데가 있을 뿐이다. 4만을 넘어 더욱 증가 추세를 보이고 있는 히가시우라(東浦) 마을 등이 유망하지 않을까. 인구증가에 교회 수가 따라가지 못하고 있는 지역이 많은 나고야 주변을 위해 기도하자.

일본에서 라디오 민간방송이 개시된 것이 1951년, FM방송은 69년, TV방송은 흑백으로 시작된 것이 53년, 컬러방송은 60년, UHF방송은 68년, 위성방송은 90년에 시작되었습니다. 20세기 후반은 TV가 지배하던 시대라고도 할 수 있겠지요.

최초의 텔레비전은 사용전파 주파수의 관계로 라디오와 같은 세계 동시성은 없었지만, 위성중계가 가능해진 1963년 이후는 지구상의 모든 일들을 어디서든지 동시에 보고 들을 수 있게 되었습니다. 그래도 라디오의 필요는 여전하지만, 가족이 수신기 앞에 모여들었던 예전과는 달라서 개인적으로 듣게 되는 것이 보통입니다.

이러한 미디어의 변화에 대응하여 프로그램의 내용도 바뀌어야 할 것입니다. 앞으로는 CATV(케이블 텔레비전)의 급속한 보급에 의한 대응이 필요하게 될 것이며 대중전달을 위한 텔레비전, 라디오의 이용은 점점 더 중요해질 것입니다.

긴키(近畿) 지방을 위해

도전과 희망

중부지방의 반 정도의 면적에 거의 같은 수의 인구가 있습니다. 인구는 면적이 거의 같은 간토(關東) 지방의 절반을 약간 상회하는데, 인구밀도를 보면 간토, 긴키, 쥬부(中部) 지방의 순으로 반씩 적어집니다. 기이(紀伊) 반도나 쥬고쿠(中國) 산지 등 산악지대, 과소(過疎)지대도 꽤 넓으며, 남측은 교한신(京阪神:교토, 오사카, 고베를 뜻함) 지방에 많은 인구가 집중되어 있습니다. 도쿄가 수도가 되기까지 십 수세기에 걸쳐 일본 문화의 중심은 긴키 지방이었습니다. 에도는 확실히 정치, 경제의 실질적 중심이었으나, 조정(朝廷)이 있었던 교토, 상업도시 오사카도 그에 뒤지지 않는 양극을 이루고 있었습니다.

교토, 오사카에 비해 보수성이 강한 나라(奈良) 현은 교회 개척이 진척되지 않았으나, 과거 10년 간은 긴키 지방에서 가장 높은 증가율을 보였습니다. 오사카의 베드타운으로써 택지개발이 진척된 이유도 있지만, 교회가 적다는 정보로 선교단체 등이 적극적으로 개척한 결과입니다. 앞으로 기대되는 곳입니다.

또한 인구증가에 교회 수가 따르지 못하는 지역으로는 시가(滋賀) 현 남부, 미에(三重) 현 북부를 들 수 있습니다. 교회 협력에 의한 방송전도 추진을 목적으로 1972년 결성된 긴키 방송전도협력회인 긴포텐(近放伝)은 힘있는 존재입니다.

방송전도를 위해

29일 1950년대 초 민간방송국이 허가된 다음 해에 설립되어, '세상의 빛'이라는 타이틀로 시작하여, 지금은 TV프로그램 'Life Line'을 전국 각지에서 방영하고 있는 태평양방송협회(PBA)를 위해.

30일 세계 최대의 기독교 방송국 FEBC의 일본어 방송센터로, 일본 전국에서 들을 수 있는 중파(中波)로 해외방송국으로부터 방송하고 있는, 기독교방송국 일본 FEBC의 사역을 위해 기도하자.

1일 일본 리바이벌을 기도하며 하나님의 사랑, 하나님의 시간, 살아 계신 그리스도를 전하려 10년 전에 개시하여 국내 15국, 미국 5국으로 매주 TV프로그램을 방영하고 있는 Harvest Time Ministry를 위해.

2일 이전 각지의 TV방송국에서 복음프로를 방영하고 있었지만 사역이 중지된 후에도 기도의 핵에 의해 교제를 유지하고 있는 Christian Communication International(원래 Rex Humbard)를 위해.

3일 **긴키 지방을 위해**
나라 현에서 단 한 곳 교회가 없었던 텐리(天理) 시에 수년 전 새롭게 교회가 설치된 것을 감사하자. 그러나 인구는 약 7만이므로 아직 세 교회가 더 생겨도 전국 평균에 이르지 못한다. 교회 미설치로 인구 2만 이상의 마을은 긴키 지방에 9군데 있으며, 한 마을을 제외하고는 전부 인구가 증가하고 있다. 그 중에서도 5년 간에 3천 명 이상 늘어난 미에 현 고모노(菰野) 마을, 2천 명이 늘어난 효고 현 유메사키(夢前) 마을을 위해.

4일 1995년에 일어난 고베 지진의 영향은 이 지방 교회에 아직도 크게 남아 있다. 희생자가 난 교회, 교회당의 복구가 생각대로 되지 않는 교회, 교회원이 이전하여 출석할 수 없기 때문에 회중이 더욱 감소한 교회, 제각기 위로와 격려와 도움이 주어지도록 기도하자. 구원(救援) 모금활동은 계속되고 있다.

현청소재지 : 츠(津) 시
행정단위 수 : 13시(市), 56정촌(町村)
면적 : 5,773㎢
인구 : 1,855,860명
인구밀도 : 321.0명/㎢
교회 수 : 82개
한 교회가 담당할 인구 : 22,692명
교회 미설치 市 : 없음(※한 교회만 있는 市 : 2곳)
교회 미설치 町村 : 46곳(그 중 인구가 2만 이상인 町村 : 3곳)
한국인 선교사 수 : 2명(2교회)

자연경관

긴키 지방 남동부, 북의 요로(養老) 산지로부터 기이(紀伊) 반도 남단 가까이까지 남북으로 175km, 동은 이세(伊勢) 만(灣)과 구마노나다(熊野灘), 서는 스즈카(鈴鹿) 산맥과 우에노(上野) 분지를 넘어 기이(紀伊) 산맥까지 폭이 30~80km입니다. 평야는 이세 만을 따라 펼쳐진 이세(伊勢) 평야뿐입니다. 기후는 우에노 분지를 제외하고 온난다습한 태평양 연안형, 기이 반도 남부는 남해형(南海型)으로 특히 강우량이 많습니다.

산업과 문화

욧카이치(四日) 시, 츠(津) 시 근변의 공업지대를 제외하면 전체적으로는 농림현입니다. 토카이, 긴키(東海, 近畿) 현 가운데 1차산업 취업자 비율이 와카야마(和歌山) 현 다음으로 높고, 생산액은 상위에 들지는 못하지만 쌀, 야채 생산이 꽤 되며, 전국 3위의 차(茶) 생산과 채소류, 고구마, 특산물로는 무, 귤 등을 들 수 있습니다. 임업에서는 다른 현에 비해 민유림(民有林)이

많은 것이 유리하며, 수산업은 절호의 어장을 끼고 있어 세계적으로 유명한 진주양식이 있습니다.

고대문화의 중심지였던 현재의 나라(奈良)인 야마토(大和)가 산 하나 넘어 있는 거리이기 때문에 당시에는 문화 선진지역이었습니다. 이세진구(伊勢神宮)가 받들어 모셔진 것도 그러한 이유의 현상입니다. 육상, 해상 모두 일찍이 교통이 열려, 이세쇼닌(伊勢商人)이라 불리는 것처럼 상업 활동이 왕성했습니다. 구토카이도(旧東海道)는 나고야(名古屋)와 츠(津) 사이가 해상 루트였으며, 그 후에 토카이도는 스즈카노세키(鈴鹿の關)를 넘어 교토로 이어졌으므로 교통 중요지점이었습니다.

도전과 희망

이세진구(伊勢神宮)는 오랫동안 황실의 종묘(宗廟)로서 자리잡으며 민간신앙의 대상으로 숭배되어 왔으며, 메이지 이후 국가 신도(神道)에 의한 국민정신적 통합의 도구로 사용되었습니

다. 전국에 걸친 이세코(伊勢講) 조직, 신궁(神宮)에만 허락되었던 달력의 전매제도(專賣制度)가 그 지주였습니다. 교파신도(教派神道)를 포함한 신도(神道) 신자 수는 미에(三重), 시가(滋賀)를 경계로 하여 서일본(西日本) 지역에서는 높은 비율이지만 불교 신자도 적지 않습니다.

마츠자카(松阪)의 영주 가모우지사토(蒲生氏里)를 비롯하여 유력자들이 세례를 받게 된 영향으로, 16세기 말에는 이세(伊勢), 이가(伊賀) 양국에 걸쳐 다수의 기리스탄 신도가 존재하였습니다. 나가사키(長崎)에서 순교한 일본 26성인 중 5명이 이세(伊勢) 출신이라고 합니다. 이세진구(伊勢神宮) 소재지라는 커다란 벽이 있으나, 고래 각지(古來 各地)로부터의 이세 참배인들을 접하며 넓은 시야를 가질 기회가 많았던 탓인지 의외로 보수주의자는 적으며 개방적인 기풍이 있는 것이 다행입니다.

5일 현 내의 교직자, 교회 간의 건전한 교제가 형성되도록. 일본 전통종교의 거점인 만큼 교회의 결속이 필요하다. 성서신앙에 근거한 복음주의적 신앙에 서서 일치할 수 있도록.

6일 미에(三重) 텔레비전에서 방송되고 있는 TV 전도프로그램 'Harvest Time'을 위해. FM 미에로부터 방송되는 샤롬 프로모션 제공의 두 가지 라디오 프로그램이 축복 속에서 쓰임받도록.

7일 기독교 정신의 학교는 츠(津) 시와 욧카이치(四日) 시에 가톨릭계 고교, 중학교가 세 학교 있으나 아오야마(靑山)에 있는 프로테스탄트계 학교 아이노 가쿠엔(愛農學園) 농업고등학교, 고모노(菰野)에 있는 성십자 복지전문학교를 위해 기도하자.

8일 현 내에 기독교 정신의 병원, 의원이 생기도록. 츠(津) 시의 장애자 복지시설인 성 맛티아 어린이집, 고모노(菰野) 스즈카(鈴鹿)의 고령자 복지시설인 성십자의 집, 기세이(紀勢)에 있는 특별 양호 노인홈, 킹스 가든 미에(三重)를 위해. 츠시의 케어 하우스, 베다니의 집을 위해.

9일 크리스천을 위한 시설 하쿠산(白山) 아가페 기도원을 위해. 기독교 전문서점은 없지만, 나고야까지 가지 않아도 신앙서적 등을 입수할 수 있는 편의가 생길 수 있도록.

10일 프로테스탄트 교회가 하나밖에 없는 가메야마(龜山), 도바(鳥羽)의 두 도시에 한 교회가 더 생기지 않으면 전국 평균에도 미치지 못한다. 도시화가 이루어져 인구가 증가하고 있는 구와나(桑名) 시, 츠(津) 시 주변에도 교회가 늘어나도록. 교회 미설치 마을 중에서도 인구가 3만 7천이나 되는 고모노쵸(菰野町)를 위해.

시가(滋賀) 현

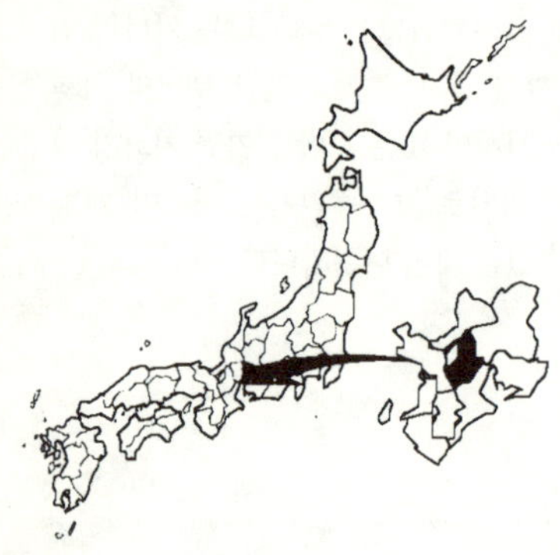

현청소재지 : **오오츠(大津)** 시
행정단위 수 : 7시(市), 43정촌(町村)
면적 : 4,017㎢
인구 : 1,316,331명
인구밀도 : 327.7명/㎢
교회 수 : 76개
한 교회가 담당할 인구 : 17,320명
교회 미설치 市 : 없음(※한 교회만 있는 市 : 없음)
교회 미설치 町村 : 25곳(그 중 인구가 2만 이상인 町村 : 1곳)
한국인 선교사 수 : 2명(2교회)

자연경관

긴키(近畿) 지방 북동부에 위치하며, 이세 만(伊勢 灣)과 와카사(若狹) 만에 끼여 혼슈(本州) 중앙부에서 가장 좁은 내륙현입니다. 주위가 산으로 둘러싸인 오오미(近江) 분지를 주체로 남동부는 미나구찌(水口) 구릉이 펼쳐 있습니다. 분지 중앙에 현 면적의 6분의 1을 차지하는 비와코(琵琶湖)는 일본 최대의 호수입니다. 현 경계인 노사카(野坂) 산지를 넘으며 약 10km정도입니다. 일본해에 면해 있는 북부는 일본해형 기후이고, 특히 겨울은 호설지대(豪雪地帶)입니다. 현 남부는 세토나이식(瀬戶內式)으로 온난소우(溫暖小雨)합니다. 비와코(琵琶湖)로 흘러들어가는 강은 호우(豪雨)에 약하며 자주 홍수가 납니다.

산업과 문화

농업현의 틀을 벗지 못하고 있었으나, 근년에 교한신(京阪神)으로의 통학권 확대로 남부를 중심으로 인구증가로 전환되었습니다. 농업으로는 쌀 농사 비율이 높으며 에즈마이(江州米)는 양질로 유명한데, 최근은 전업 농가율이 3.8%로 전국 최저, 제2종 겸업 농가가 92%로 전국 1위가 되었습니다. 특산품은 오오미규(近江牛 : 소고기)전국 제일의 모기장 등이 있으며, 일렉트로닉스, 바이오 테크놀로지 관련 공업이 기대됩니다.

단기간이었지만 수도였던 지역이므로 고대 문화재도 풍부합니다. 전통이나 관습에 묶여 있는 것에 대한 반발인지 의식조사에 의하면 오랜 풍습을 존중해야만 한다는 란에 찬성한 사람 수가 최저인 현입니다. 근면, 검약, 정직인 오오미상인(近江商人)의 간판으로 많은 재계인들이 배출되었습니다.

도전과 희망

의식조사로는 불교를 믿는다는 회답률이 전국 3위였습니다. 덴다이슈(天台宗)에 필적하는 2대 종파의 하나인 신곤슈(眞言宗)의 본산 히에잔엔랴쿠지(比叡山延曆寺)를 비롯하여 많은 사원이 있습니다. 오래된 유서깊은 신사(神社)도 많아 다가다이샤(多賀大寺), 히요시다이샤(日吉大

寺) 등이 유명합니다. 기독교를 믿는 사람의 비율은 의외로 적지 않으나 지역이나 집안 단위로 신불제사(神佛祭事) 참가를 당연히 생각하는 성향은 꽤 강합니다.

오다 노부나가가 한때 기리스탄들에게 호의적이었기 때문에 아즈치(安土)를 중심으로 포교가 추진되어 많은 신자가 생겨 교회당과 신학교가 세워졌습니다. 그 반동으로 박해도 심했던 것 같으나 메이지 초기에는 적극적인 개척전도가 행해져 많은 교회의 기초가 놓여졌습니다. 대전 후 세계복음전도단(WEC)이 개척전도를 추진, 현재 현 내에 11교회, 전도소를 가지고 있습니다. 이후로는 도시화에 따른 유입인구가 전도의 좋은 대상이 되겠지요.

11일 기독교 전문서점은 없다. 비와코 방송에서 TV프로그램으로 내보내고 있는 'Life Line', 'Harvest Time' 을 위해. 시가 현 초교파 목사회, Ashram Center를 통해서 건전한 교제가 이루어지도록.

12일 크리스천 대상시설인, 신아사히(新旭)에 있는 일본 예수그리스도교단의 고사이(湖西)기도의 집, 니시아자이(西淺井)에 있는 오쿠비와코(奧琵琶湖) 캠프장, 오오미하치반(近江八番)에 있는 세계복음전도단 신생 캠프장을 위해.

13일 기독교 정신 교육으로 복음의 뿌리를 지방에 내리는 데 공헌한 오오미하치반에 있는 오오미교다이샤(近江兄弟社) 학원(고교, 중학), 히코네(彦根)에 있는 세이센(聖泉) 단기대를 위해. 많지 않은 교회 부속 또는 크리스천이 경영하는 유치원을 위해.

14일 오오미교다이샤(近江兄弟社) 창립자의 이름을 딴 Vories기념병원(오오미하치반), 이마츠(今津)에 있는 오오미아이린엔(近江愛隣園) 이마츠 병원이 지역 전도의 도움이 되도록. 현 내에서 일하는 크리스천 의료관계자들을 위해.

15일 기독교 정신을 가지고 중증지적장애를 가진 사람을 위해 봉사하고 있는 노토가와(能登川)의 시요(止揚) 학원을 위해. 또한 이마츠에 있는 신체장애자 양호시설 세이코엔(清湖園)과 같은 장소에 있는 고령자 복지시설 세이후소(清風荘)를 위해.

16일 교회 미설치 지역 25마을에 복음이 전파되도록. 인구 2만 3천인 히노(日野) 마을에 교회가 생기도록.

교토(京都) 부

부(府)청소재지 : **교토(京都) 시**
행정단위 수 : 12시(市), 32정촌(町村)
면적 : 4,613㎢
인구 : 2,561,860명
인구밀도 : 555.4명/㎢
교회 수 : 208개
한 교회가 담당할 인구 : 12,317
교회 미설치 市 : 없음(※한 교회만 있는 市 : 없음)
교회 미설치 町村 : 21곳(그 중 인구가 2만 이상인 町村 : 없음)
한국인 선교사 수 : 113명(9교회)

자연경관

북은 일본해에 면해 있고, 동은 단바(丹波) 고지의 북단과 히라(比良) 산지, 서는 단고(丹後) 산지와 쥬고쿠(中國) 산지 동단의 복잡한 능선이며, 남은 덴오우잔(天王山), 오토코야마(男山)의 사야베(狹部)와 가자기(笠置) 산지 북단에 둘러싸여 있습니다. 단층이 많고 복잡한 지질 구조로, 작은 분지가 몇 개나 이어져 있습니다. 단고(丹後) 고지로부터 북쪽은 일본해형 기후로 겨울에는 눈이 많이 옵니다. 교토 분지로부터 남쪽은 내륙성 또는 세토나이(瀬戸內)식으로, 한겨울의 한랭차가 크며 비가 적습니다.

산업과 문화

오랫동안 수도의 역사를 가지고 있지만 산지가 많기 때문에 경지율은 전국 평균 이하로 생산액도 하위입니다. 단지 양질로 알려진 우지차(宇治茶)로 대표되는 차(茶)는 나라(奈良) 현과 거의 같은 액수로 전국 4, 5위를 다투고 있으며, 후시미(伏見)가 대표하는 청주(淸酒)는 효고(兵庫) 현에 다음 가는 2위입니다. 니시진오리(西陣織), 유젠(友禪) 염색, 기요미즈(淸水) 도자기, 단고(丹後) 실크 등의 전통공업은 거의 가내공업적인 규모입니다. 마이즈르(舞鶴) 만을 중심으로 하는 개발, 현 남부로의 한신(阪神) 공업지대 연장 등이 기대됩니다. 헤이안교(平安京) 이래의 전통은 교토인(京都人)의 자부심을 지탱해 주고 있으나, 헤이안(平安)이라는 이름에 맞지 않게 정쟁(政爭), 혁명, 전란(戰亂)이 그치질 않았습니다. 그 때문인지 시민생활에서의 지연(地緣)적 인간관계가 도시적인 세련됨과 양립되어, 보수적인 기풍이 있으면서도 혁신정당이 표(票)를 모으고 있습니다.

도전과 희망

절, 신사가 많은 것은 말할 것도 없고, 특히 불교 활동은 나라 현과 함께 중심적이었습니다. 불교계 종교법인 중에 활동이 전국 도시에 있는 종파로서 교토(京都)에 본부를 둔 것이 40개 가까이 됩니다. 그러나 의식조사에서의 불교 신앙자의 비율은 도야마(當山), 이시카와(石川) 등의 절반밖에 되지 않습니다. 세계대전 이전 신종파의 하나였던 오오모토교(大本教)는 데구치 나오(出口 なお), 오닌 사부로(王人 三郎)가 가메오카(龜岡)에서 개교하였습니다. 후에 심한 탄압을 받았으나, 전후에 재흥(再興)되어 아야베(綾部)에 신전(神殿)을 세웠습니다.

기리스탄은 교토와 그 주변에서 전성기에는 큐슈를 능가하는 세력이었습니다. 메이지 초기의 선교는 불교 세력의 강한 반대로 어려웠으나, 니이지마죠(新島襄)의 도시샤(同志社) 영어학교 설립에 의해 문호가 개방되어 계속하여 모든 교파의 교회가 세워졌습니다. 세계대전 이전에 교토의 기독교는 전국적인 활동에 기여하였고, 전후(戰後)도 복음파에 의한 일본전도회의가 두 번 열렸습니다.

교토 부를 위해

17일 KBS 교토에서 방송되고 있는 TV프로그램 'Harvest Time', 라디오 프로그램 '놀라운 카운셀러'를 위해. 복음적 신앙을 같이 하는 부(府) 내의 교회들의 건전한 교제와 협력이 가능하도록.

18일 크리스천을 위한 시설인, 일본크리스천아카데미 칸사이(關西) 세미나 하우스, 우지(宇治)의 교토 YMCA 리트릿센터, CLC Book 교토점, 요단사 교토점, 복음의 집 교토를 위해.

19일 기독교 정신에 기초한 도시샤(同志社)(대학, 여자대학, 여자전문대, 고교, 중학, 여고, 여중, 고리(香里)중학, 국제고교, 국제중학), 헤이안(平安) 여학원(전문대, 고교, 중학), 교토 YMCA 국제전문학교를 위해서.

20일 기독교 정신으로 경영되고 있는 일본 뱁티스트 병원과 부속 간호전문학교 및 고령자 복지시설, 사에키(佐伯) 산부인과의원, 성 요셉 세이시엔(整肢園)을 위해.

21일 기독교 정신의 사회복지시설, 아이이쿠신엔(愛育信園), 모자(母子)의 기보료(希望寮) 아동시설인 마이츠루후타바료(舞鶴雙葉寮), 지적장애자시설인 시라가와(白川) 학원, 히나도리 학원, 동포의 집을 위해.

22일 교토 부에서 아직 교회가 없는 21마을에 교회가 생기도록. 특히 3마을을 합쳐 3만의 인구임에도 교회가 전혀 없는 다케노(竹野) 군에 교회가 필요하다.

오사카(大阪) 부

부(府)청소재지 : 오사카(大阪) 시
행정단위 수 : 33시(市), 11정촌(町村)
면적 : 1,893㎢
인구 : 8,624,045명
인구밀도 : 4,555.8명/㎢
교회 수 : 567개
한 교회가 담당할 인구 : 15,210명
교회 미설치 市 : 없음(※한 교회만 있는 市 : 없음)
교회 미설치 町村 : 5곳(그 중 인구가 2만 이상인 町村 : 1곳)
한국인 선교사 수 : 97명(63교회)

자연경관

긴키(近畿) 지방의 중앙부에 있으며, 3면이 산으로 둘러싸여 있고 서쪽은 오사카 만에 임해 있습니다. 단바(丹波) 고지에 박혀 있는 북부는 복잡한 경계를 이루며, 동쪽은 이코마(生駒), 곤고(金剛)의 두 산지, 남쪽은 이즈미(和泉) 산맥이 자연스러운 경계를 이루고 있습니다. 중앙에서 북부에 걸쳐 요도가와(淀河)와 야마토가와(大和川)가 만드는 긴키 제일의 오사카 평야가 펼쳐집니다. 오사카 만의 영향으로 온난한 기후이지만 세토나이(瀬戸内)식 기후의 특색으로 강우량은 적습니다.

산업과 문화

중세 이래 상업도시로서 1차산업 종사자의 비율이 도쿄에 이어 적고, 생산액도 최저율입니다. 도시화가 이루어지고 있으나 대소비지에 가깝기 때문에 야채류 중에는 가까운 현보다 생산액이 높은 것이 많습니다. 축산도 감소 경향을 띠고 있지만 식육가공은 증가추세에 있습니다. 한신(阪神)공업지대는 오사카 만 연안, 특히 센슈(泉州) 방면으로 넓어져, 이 해면을 매립하여 개설한 칸사이(關西) 국제공항은 지역개발을 촉진시키고 있습니다. 센보쿠(泉北) 뉴타운 등 대규모의 택지조성도 이루어지고 있습니다.

에도의 무가(武家) 문화에 비해 상인 문화를 성장시켰던 오사카 인의 특색은 합리주의 정신, 현실주의적 인생관 등입니다. 물건을 살 때 조금이라도 깎아서 사는 사람의 비율은 오사카가 제일이지만, 반면 가치가 있는 것에는 아끼지 않고 쓰는 성향도 있습니다.

도전과 희망

의식조사에서 불교 신앙자는 교토(京都), 효고(兵庫)보다 높은 비율이며, 현세이익적 경향이 강하게 나타나고 있습니다. '마음의 의지할 곳으로 신불(神佛)을 의지하고 싶다. 신불에 소원을 빌면 성취될 것 같다'는 회답율의 순위는 모두 44위입니다.

시민생활 속에는 도카에비스(十日戎), 텐진마츠리(天神祭)라는 행사, 길거리에 있는 호코라

(사당)나 야시키가미(屋敷神:집에 모신 신)등 민간신앙이 침투해 있습니다. PL(Perfect Liberty)은 돈다바야시(富田林)에 본부를 두고, 이 지역을 종교도시로 만들려고 계획하고 있는데, 이것의 전신은 전전(戰前) 탄압을 받은 '호토노미치' 입니다. 이시야마혼간지(石山本願寺)의 지배하에 있었기 때문에 기리스탄 포교는 잘 이루어지지 않았지만, 해외무역으로 개방되었던 사카이(堺)를 거점으로 활발한 교화(敎化)가 이루어졌습니다. 호소가와 가라샤(무장 호소가와 타다오기의 부인으로 기리스탄이 됨)의 순교는 널리 알려진 사실이며, 사카이(堺) 출신인 센리큐(千利休)를 원조(元祖)로 하는 다도(茶道)의 작법은 기리스탄의 영향을 받았다고 합니다. 도쿄 이상으로 국제적이라는 특징도 있으므로 선교의 큰 가능성이 있습니다.

오사카 부를 위해

23일 SUN TV의 프로그램인 'Life Line' 외에, 매일방송, 아사히(朝日)방송, 라디오 칸사이(關西) 등의 각종 라디오 프로그램을 위해. 오사카 선교 기도회, 지역마다의 목사회 등이 건전한 교제와 협력을 유지할 수 있도록.

24일 크리스천을 위한 시설인, 노세(能勢)에 있는 칸사이 세이칸(關西 聖館)과 루터노세(能勢) 연수센터, 중앙구(中央區)의 Hotel the Luther, 기독교 전문서점인 Life Center 오사카서점, 오사카 기독교서점 등을 위해.

25일 바이카(梅花) 학원(여대, 전문대, 고교, 중학), Pool 학원(여자전문대, 고교), 오사카 여학원(전문대, 고교, 중학), 모모야마(桃山) 학원(대학, 고교), 오사카 기독교 학원(전문대), 세이쿄(淸敎) 학원(고교, 중학)을 위해서.

26일 성 바나바 병원, 아이조메바시(愛梁橋) 병원, 고도카이(公道會) 병원, 미노(箕面)에 있는 Ciarashia가톨릭 병원, 요도가와(淀川) 기독교병원, 오사카 교메이칸(曉明館) 병원, 미야모토(宮本) 기념병원, 기독교Mead 사회관진료소, 그 외의 기독교 정신의 병원, 의원을 위해.

27일 사회복지활동이나 시설이 많은 가운데, 아동, 모자보호 사역에 역사가 깊은 구세군단체로서 아동, 고령자를 위해 오랫동안 사역하고 있는 오사카 사이죠린토칸(水上隣保館), 저변(底邊)의 사람들을 위해 사역하고 있는 가마가사키 그리스도교(釜ケ崎 キリスト敎)협우회를 위해.

28일 오사카 부에서 교회 미설치 지역인 5마을에 교회가 생기도록. 특히 인구 4만에 가까운 미하라(美原) 마을에 교회가 필요하다.

현청소재지 : 고베(神戸) 시
행정단위 수 : 22시(市), 70정촌(町村)
면적 : 8,381㎢
인구 : 5,500,842명
인구밀도 : 656.0명/㎢
교회 수 : 431개
한 교회가 담당할 인구 : 12,763명
교회 미설치 市 : 없음(※한 교회만 있는 市 : 없음)
교회 미설치 町村 : 40곳(그 중 인구가 2만 이상인 町村 : 4곳)
한국인 선교사 수 : 29명(24교회)

자연경관

긴키지방의 서단(西端)으로 일본해와 세토나이카이(瀬戸内海)의 두 바다에 면해 있고, 아카시카이쿄(明石海峡)를 사이에 두고 아와지시마(淡路島)도 포함합니다. 쥬고쿠(中國) 산지가 서쪽으로부터 뻗어서 단바(丹波) 고지로 이어지며, 현 중앙보다 약간 북쪽으로 남북의 분수령을 이루고 있습니다. 일본해쪽으로는 평지가 없으나, 세토나이카이쪽으로는 하리마(播磨) 평야가 펼쳐져 있습니다. 현의 동남부는 1995년 한신아와지(阪神淡路) 대지진의 원인이 된 단층이 복잡하게 모여 있습니다. 기후는 연평균 기온은 변함이 없으나 일본해쪽은 세토나이(瀬戸内)쪽보다 강우량이 많고, 특히 겨울은 대설(大雪)이 내리는 경우가 있습니다.

산업과 문화

인구 제 5위의 대도시 고베(神戸)가 있기 때문에 1차산업의 비율은 낮으며 생산액 취업인구 모두 3%정도지만, 농업 생산액은 전국 평균정도이며, 전국 2위의 양파, 나다(灘佳)의 청주(清酒)와 고베규(神戸牛:소고기) 등이 특산품입니다. 광물자원이 풍부하므로 제강(製鋼), 조선(造船) 등 중공업은 말할 것도 없습니다. 개항지로서 역사가 깊은 고베는 요코하마(横浜)와 함께 해외 문물을 최초로 받아들인 곳이었습니다. 외항선의 출입, 외국인 거류 등이 활발하여 지금도 세련된 국제도시이며 패션의 거리라고도 말하는데, 반면에 한 발자국 도회지 밖으로 나가면 전통적 인습이 뿌리깊게 남아 있습니다.

도전과 희망

역사가 오래된 것에 비해 하츠모데의 인파가 전국적 화제가 될 정도의 절, 신사 등이 적으며, 고베의 미나토가와(湊川) 신사, 이쿠타(生田) 신사 정도가 알려져 있습니다. 조직화된 종교 이상으로 습관적인 신불혼합의 민간신앙이 사회생활 속에 침투되어 있습니다. 고베에서는 메이지 초기 금교령 폐지 이후, 계속하여 외국 선교사가 와서 많은 교회가 세워지고 수많은 미션스쿨도 세워졌습니다. 교회는 고베에 융화되어 있습니다. 신학교도 대표적인 곳이 몇 군데나 되며 지금도 교직자를 배출하고 있습니다. 1995년 1월 고베를 중심으로 하는 현 남부에 대지진이 일어나 큰 재해를 입었습니다. 교회 밀도가 가장 높은 지역이었기 때문에 많은 교회가 피해를 입어 지금도 그 영향하에 있습니다. 당시 기독교 관계의 구원(救援)은 눈부셨고, 특히 복음주의가 좋은 대처를 보여 준 것은 금후의 선교 시야를 넓힐 수 있는 가능성을 보여 줍니다.

효고 현을 위해

29일 대지진의 피해가 하루속히 복구될 수 있도록. 피해를 입은 교회당의 재건과 함께 신도들이 살 수 있는 마을 만들기 작업이 진척되도록. 고베선교협력회, 서고베목사부부기도회 등이 좋은 교제를 유지하고 협력의 고리가 넓어지도록.

30일 크리스천을 위한 시설인 노세가와(能勢川)바이블 켐프, 오사카 YMCA 록코(六甲) 연수센터, 칸사이가쿠인 센가리(關西學院 千刈) 세미나 하우스, 뱁티스트동맹 이나가와(猪名川)캠프장, 고베 YMCA호텔, 아오가키(青垣) 캠프장 등을 위해.

31일 고베 여학원 대학원 등 슈쿠가와(川) 학원 여자 단기대, 세이와(聖和) 대학, 단기대, 고에이(頌榮) 보육학원 단기대, 칸사이(關西) 학원대학, 쇼인(松蔭) 여자학원 대학 등 히노모토(日ノ本) 학원 여자 단기대, 게이메이(啓明) 여학원 고교, 야츠시로(八代) 학원 대학 등 기독교 정신의 학교를 위해.

1일 Palmore병원, 히메지(姫路) 성 마리아 가톨릭 병원, 고베 Adventist병원, 아가페 가부토야마(甲山) 병원, 고베 가이세이(海星) 병원, 히메지에 있는 오구니(小國) 병원, 그 외의 기독교 정신의 의료기관을 위해.

2일 기독교 정신 위에 세운 사회복지활동을 추진하고 있는 예수단, 성령복지사업단, 그 외의 시설을 위해. 기독교 전문서점인 Covenant서점, 고베 기독교서점, 니시노미야 세이분샤(聖文社)의 부흥을 위해.

3일 효고 현의 교회 미설치 지역 40마을 가운데, 한 군(郡)을 합쳐 인구 6만에 가까운 미하라(三原) 군의 4마을(아와지시마 남부), 3만을 넘는 다카(多可郡) 군의 4마을, 시카마(飾磨) 군의 2마을에, 또한 한 마을이 3만을 넘는 다이시(太子) 마을과 이나미(稻美) 마을에 교회가 생기도록.

나라(奈良) 현

현청소재지 : 나라(奈良) 시

행정단위 수 : 10시(市), 37정촌(町村)

면적 : 3,691㎢

인구 : 1,447,496명

인구밀도 : 392.1명/㎢

교회 수 : 89개

한 교회가 담당할 인구 : 16,264명

교회 미설치 市 : 없음(※한 교회만 있는 市 : 1곳)

교회 미설치 町村 : 23곳(그 중 인구가 2만 이상인 町村 : 없음)

한국인 선교사 수 : 2명(2교회)

자연경관

긴키 지방 중앙에 있는 내륙현으로, 북쪽의 절반을 차지하는 나라(奈良) 분지는 인구, 산업의 대부분이 집중되어 있는 유일한 평지입니다. 요시노가와(吉野川) 이남은 기이(紀伊) 산맥으로 긴키 지방의 최고봉인 하치겐잔(八劍山)의 높은 산이 이어지고, 구불구불한 좁은 골짜기가 통행을 막는 육지의 고도(孤島)입니다. 기후는 분지 측(盆地側)은 한난(寒暖)의 차가 크며 비가 적은 내륙형이고, 산지는 온난다우(溫暖多雨)의 남해식으로 동남부의 오다이가하라잔(大臺ヶ原山)부근은 강수량 4,000 mm를 넘는 일본의 최다우(最多雨)지방입니다.

산업과 문화

총면적도 적은 현이지만, 경지 면적은 4번째로 좁으며, 가주지(可住地) 면적은 가장 작습니다. 삼림은 면적상으로는 넓지 않지만 약 80%를 차지하고 있습니다. 요시노(吉野)의 삼나무는 이 현의 임업을 대표하고 있습니다. 나라 분지에서는 수전(水田) 외에도, 과수 재배가 활발하며

감은 전국 2위, 차(茶)는 4위의 생산액을 보입니다. 야마토(大和) 군의 금붕어는 전국 수요의 약 절반을 생산하는 특산품입니다. 공업은 입지혜택이 좋지 않아 뒤처져 있습니다.

아스카(飛鳥), 헤이죠(平城)의 양 시대에 수도가 있었을 정도로 고대문화의 중심지였습니다. 자연재해가 적었던 점도 있어서인지 주민의 식이 자연풍토나 역사, 문화재 등에 대한 관심이 크며 정신적 충만감을 주고 있습니다. 교통이 곤란한 요시노(吉野), 구마노(熊野) 산지조차도 천손강림(天孫降臨:아마데라스 오오미가미의 손자인 니니기노미코토를 가리킴)의 신화와 남북조 시대의 이야기 속에 지역적인 중요성이 전승되어 오고 있습니다.

도전과 희망

나라(奈良) 불교의 중심지로서 오늘날까지 전국적으로 널리 알려진 수많은 불사(佛寺), 고대국가의 제사(祭祀)에 관계되는 신사가 많이 남아 있습니다. 오오미네(大峰) 산은 산악종교성

지의 하나입니다. 근세 이래의 종교도시인 텐리(天理)는 막부 말기, 나카야마 미키(中山)에 의해 일어난 천리교의 본부가 있는 것에 연유해서 명명(命名)되었습니다. 의식조사에서는 특히 강한 종교심을 나타내고 있지는 않으나, 사후(死後)의 세계를 부정하는 사람의 비율이 전국 2위로 적다는 결과가 나와 있습니다. 이교(異敎)의 중심이라 할 수 있는 현이지만, 한 사람의 슈겐도(修驗道) 승의 개종에 의해 다카야마 우콘(高山 右近) 부자(父子)를 비롯한 많은 기리스탄이 생겨났습니다. 그 후 탄압에 의해 단절되어 버렸지만, 메이지 이후 선교사와 일본인이 전도를 시도하여 어려움에 굴하지 않고 교회가 세워졌습니다. 전후(戰後)에는 텐리(天理)에도 개척전도가 이루어졌고, 베드타운화되고 있는 이코마(生駒) 부근에는 교회가 계속 탄생하고 있습니다.

나라 현을 위해

4일 전통적 종교세력하에서 복음선교를 하고 있는 개척교회를 위해. 또한 교회개척이 급격한 인구 증가에 따라가지 못하는 신흥주택지대에 대한 선교가 추진되도록.

5일 크리스천을 위한 시설도 기독교 전문서점도 없지만, 나라(奈良)TV의 'Life Line'과 'Harvest Time' 프로그램이 방영되고 있음을 감사하자. 그 사역의 계속과 유효한 활용을 위해.

6일 나라 YMCA대학 예비학교가 그 곳에서 배우는 젊은이들에게 복음의 위대함을 나타낼 수 있도록. 한신(阪神)지방에는 많은 기독교 정신의 학교가 있는데 나라 현에도 대학이나 고등학교가 생길 수 있도록.

7일 기독교 정신의 병원, 의원도 없고 사회복지시설도 가톨릭계 노인 홈 이외에는 발견되지 않으므로 꼭 생길 수 있도록 기도하자. 오랫동안 좋은 사역을 하고 있는 몇 군데의 교회부속 보육원을 위해.

8일 교회가 없는 마을의 대부분이 동부와 남부 인구 과소(過疎)지대이다. 특히 남부는 요시노(吉野)부터 도츠가와(十津川)에 걸쳐 매우 넓은 지역으로 과소 지역이라고 하지만, 이 지역에만 합계 약 8만의 인구가 있다. 효과적인 전도방책을 찾기 위해 기도하자.

9일 나라 현에서 교회가 없는 23마을에 빨리 교회가 세워지기를 기대하지만, 산간의 과소 지역인 요시노(吉野郡) 군 13마을에 교회를 설치, 유지하는 것이 쉬운 일은 아니다. 그 중 하나인 도츠가와(十津川) 마을은 홋카이도를 제외한 마을 중에서 최대의 면적이어서, 도쿄(東京都) 23구보다 넓은 지역에 인구는 5천 명이다.

현청소재지 : 와카야마(和歌山) 시
행정단위 수 : 7시(市), 43정촌(町村)
면적 : 4,725㎢
인구 : 1,404,120명
인구밀도 : 306.0명/㎢
교회 수 : 71개
한 교회가 담당할 인구 : 14,588명
교회 미설치 市 : 없음(※한 교회만 있는 市 : 없음)
교회 미설치 町村 : 23곳(그 중 인구가 2만 이상인 町村 : 없음)
한국인 선교사 수 : 5명(5교회)

자연경관

태평양에 돌출(突出)한 기이(紀伊) 반도의 남서측에 위치하고 있고, 기노가와(紀ノ川) 하류의 와카야마 평야 이외에는 평지가 거의 없습니다. 북부의 이즈미(和泉) 산맥과 평행하는 기노가와(紀ノ川)의 골짜기는, 시코쿠(四國)의 요시노가와로 이어지는 중앙구조선(中央構造線)의 일부로 여기로부터 남쪽으로 몇 줄기나 되는 띠 모양(帶狀)의 골짜기가 동서로 달리고 있습니다. 흑조(黑潮 : 일본열도를 따라 태평양을 흐르는 난류)의 영향을 받아 기후는 온난다우하지만 해안부와 산간부의 차가 크며, 기노가와 유역은 세토나이(瀨戶內)식 기후의 경향이 있습니다.

산업과 문화

삼림 면적의 비율은 80%로, 가경지(可耕地), 가주지(可住地) 모두 그 비율이 적으며 생산성도 낮기 때문에 특히 반도의 남부는 일찍부터 미국, 캐나다로의 이주자가 많이 있었습니다. 농산물은 기후나 토지 조건에 맞는 귤, 매실, 감이 모두 생산량 전국 1위입니다. 바다에 둘러싸여 있

으나 좋은 항구가 적으며, 수산업은 대단하지는 않으나 가츠우라(勝浦)는 원양참치어업으로 유명합니다. 유일한 공업인 제철도 기업 이전으로 침체되어 있습니다. 긴키 지방에서 특히 보수성이 강하고, 북부에 그 경향이 큰 것은 도쿠가와 고산(德川御三) 가의 하나인 기슈(紀州) 영주의 지배하에 있었던 것과 함께 오래 전부터 내려온 지역연대조직으로 지금도 계속되는 '미야자(宮座 : 같은 씨족신을 모시는 제사집단)'에 의한 지연적 결합도 원인이 됩니다. 도덕관이 일반적으로 비슷한 긴키 지방에서 와카야마만이 보수적 경향을 띠고 있습니다.

도전과 희망

유명한 구마노곤겐(熊野權現) 신은 3세기 경 이즈모(出雲)에서부터 온 이주자에 의해 향리(鄕里)의 신을 모셨다고 하는 것이 전국의 구마노(熊野) 신사의 근본입니다. 불교의 영향을 받은 산악종교가 결합하여 각지에서 구마노모우데(熊野詣)로 참배객이 모여듭니다. 신불혼합의

전형으로서 중세에는 텐다이슈(天台宗)의 중이 지배하며 승병을 비축하고, 전국에 구마노고(熊野構)를 조직하여 서민의 정신적 지주가 되었습니다. 현의 북부에는 히에잔(比叡山)과 대항하는 신곤슈(眞言宗)의 성지로서 개조(開祖) 고호다이시(弘法大師)의 이름과 함께 널리 퍼진 고야잔(高野山)이 있습니다. 기북(紀北)에 비해 기남(紀南)은 비교적 개방적이나, 해외이주자가 많은 지역이라해도 복음의 수용성은 크지 않습니다.

메이지 초기에 전도를 시도한 Hail 선교사 형제의 사역은 숨어 있는 많은 열매를 맺었습니다. 그 사역을 일본전도대가 이어받았습니다. 전후에는 미국에서 뱁티스트 교회연합의 선교사가 와서 몇 군데의 개척교회를 세웠습니다.

와카야마 현을 위해

10일 현 내의 크리스천이 건전한 교제와 협력에 의해 복음의 전진을 도모할 수 있도록. 와카야마 현 목사회를 위해. 유일한 기독교 전문서점인 이와데(岩出)에 있는 고히츠지(子羊) 서점을 위해. 현 내의 크리스천들이 필요로 하는 유익한 자료와 정보가 입수되기 쉽도록.

11일 와카야마 TV에서 방영되고 있는 프로그램 'Harvest Time'을 위해. 라디오에 의한 복음 프로가 전달될 수 있도록. 이러한 방송을 듣고 신앙을 갈구하여 응답하는 신청자가 충분히 양육될 수 있도록. 크리스천 대상의 숙박, 연수시설이 생기도록.

12일 기독교 정신 학교는 가톨릭계 여자 단기대학밖에 없으므로 프로테스탄트 학교가 생기도록. 현 내에서 교육에 종사하는 크리스천 교사들을 위해 기도하자.

13일 사회복지법인 신아이카이(神愛會)가 경영하는 가미돈다(上富田)에 있는 사랑의 진료소를 위해. 또한 이 외에도 기독교 정신의 사회복지시설이 생기도록. 리조트를 활용하여 여러 가지 가능성을 살려갈 수 있도록.

14일 고야잔(高野山) 주변과 산간의 넓은 지역을 차지하고 있는 교회가 없는 마을은 평범한 방법으로는 교회 설립도, 유지도 어려운 상황이다. 특별한 방책이 주어지도록.

15일 **재일 한국인 전도를 위해**
오늘은 일본의 패전으로 태평양 전쟁, 제2차세계대전이 종결된 날. 일본의 부당한 지배로부터 벗어나 대한민국이 독립을 찾았다. 재일 외국인 중에서도 가장 많은 한국, 조선인 속에 복음증거를 하고 있는 재일대한기독교회를 위해. 그 외에 한국계 기독교회를 위하여 기도하자.

1965년 한일 국교 정상화 이후에 한국으로부터 각 교단, 그리고 목사 개개인들이 동포 선교와 현지인 선교에 관여하여 현재 한국계 교회 수는 350에 이르렀습니다. 1980년대는 국제적인 선교단체 OMF, CCC 등을 통하여 현지인을 위한 선교사가 입국하기 시작하였고, 1990년대에는 미국 교단인 Baptist계, CRC 등을 통해서도 현지인을 위한 선교사가 입국하고 있습니다. 현

한국인 선교사와 교회 수

2000. 4. 5 현재

都道府縣名	선교사 수	교회 수	都道府縣名	선교사 수	교회 수
홋카이도	11	6	시 가 현	2	2
아오모리현	2	2	교 토 부	13	9
이와테현	0	0	오사카부	97	63
미야기현	2	1	효 고 현	29	24
아키타현	0	0	나 라 현	2	2
야마가타현	2	2	와카야마현	5	5
후쿠시마현	1	1	돗토리현	0	0
이바라기현	13	11	시마네현	0	0
도치기현	3	2	오카야마현	3	2
군 마 현	6	6	히로시마현	2	2
사이타마현	13	11	야마구치현	2	2
치 바 현	31	27	도쿠시마현	0	0
도 쿄 도	130	101	카가와현	0	0
가나가와현	29	24	에히메현	2	2
니이가타현	1	1	고오찌현	0	0
도야마현	0	0	후쿠오카현	12	6
이시카와현	0	0	사 가 현	1	2
후쿠이현	2	1	나가사키현	0	0
야마나시현	4	4	구마모토현	1	1
나가노현	3	2	오이타현	2	1
기 후 현	2	2	미야자키현	0	0
시즈오카현	8	7	가고시마현	1	1
아이치현	13	10	오키나와현	3	3
미 에 현	2	2			
			47都道府縣	452명	350교회

일본 CCC　제공

재 한국인 선교사의 수는 재일대한기독교단 114명의 목사를 비롯하여 452명에 이르고 있습니다. 일본인 교직자의 초고령화 문제, 일본 신학교육의 쇠퇴 등으로 현지인 목회자가 절대적으로 부족해지고 있는 상황에서, 한국 선교사는 더 많이 봉사할 영역이 열리고 있습니다.

특별기도제목

1 재일동포 사회에 아직도 남아 있는 전쟁의 상처(전후 보상, 인권획득문제 등)가 완전히 치유될 수 있도록.

2 1990년부터 실천되고 있는 '조국 평화통일과 선교에 관한 기독자 동경회의'가 남북통일 및 해외동포교회의 선교과제를 짊어지고 있는데, 재일한국인교회들이 북한 선교에 크게 기여할 수 있도록.

3 일본에 개척수립된 350여 교회가 재일 한국인(조총련계 포함) 120만여 명의 영혼을 모두 구원시킬 수 있도록.

4 증가하고 있는 한국인 선교사들이 대도시에 집중하기 보다 일본의 미전도지역 선교에 참여하며, 더 많은 현지인을 위한 목회자가 되도록.

5 한국인 목사에 의해 운영되는 6개의 신학교가 충실하게 일본인 헌신자를 양육하여 목회자로, 미전도지 사역자로 파송할 수 있도록.

6 재미 한국인 교회(영어권)로부터 많은 선교사가 파견되어, 지금까지 구미 선교사들이 보여 준 일본 선교의 좋은 모델을 계승해 나갈 수 있도록(현재 서양 선교사의 수는 계속 감소하고 있는 상황으로, 약 1,200여 명만 남아 있음).

7 2002년 월드컵 축구 한일 공동주최에 따라 한일 민족간의 화해, 협력선교, 문화교류가 급진전하고 있는 가운데, 젊은이들의 선교운동을 일으키고자 하는 Sports Outreach Japan(일본스포츠선교회)의 사역과 Love Japan(일본CCC)의 사역이 활력을 더하도록.

8 한국 선교사에 의한 문서전도사역(日々のことば, 생명의 삶, 幸いの人, 다락방), 기도원사역, 케이블 TV방송사역, 대학생사역, 가정사역, 제자훈련사역, 챠펠마리나타사역 등이 일본 선교의 돌파구를 만들어갈 수 있도록.

기독교는 교파가 많아 복잡하다고 생각하는 사람들이 많습니다. 그러나 종파에 의해 의존하는 교전(敎典)이 전혀 다른 불교와는 달리 기독교는 똑같은 성경에 기초한다는 점에서 커다란 토대(土臺)가 일치하고 있는 것입니다. 단지 로마 가톨릭은 성경과 교회의 양쪽 모두에 동등한 권위를 인정한 것에 차이가 납니다. 프로테스탄트 교파의 갈래는 종교개혁 당시의 지방적 배경이나 강조점의 다른 점, 지도자의 성격 등에 의한 차이일 뿐입니다.

　　주요한 교파는 루터파, 개혁장로파(칼빈파), 메노나이트파, 뱁티스트파 등인데, 영국에서는 특수한 사정으로 영국 국교회(일본에서는 성공회)가 종교개혁 시대에 성립되었습니다. 제각기 교회 운영에 있어서도 차이가 생겨 언뜻 보기에 교파의 간격이 있는 듯 보일 뿐입니다. 한참 시간이 지난 뒤 영국에서는 국교회 속에서 감리교회운동이 일어나고 종교개혁 당시 최후의 교파로 탄생됩니다. 그 후 메소디스트의 흐름 속에서 홀리네스 운동이 일어나고, 또한 성령의 은사를 특별히 강조하는 펜테코스테(Pentecost)파도 생겨, 여러 뿌리를 가진 사람들 속에서 운동으로 퍼졌습니다.

쥬고쿠(中國) 지방

도전과 희망

　　산요(山陽:태평양쪽)와 산인(山陰:일본해쪽)의 대조적인 지역을 가진 쥬고쿠 지방은 인구증

감, 인구밀도 등에 있어서도 커다란 지역차가 나타나고 있습니다. 교회밀도에 관해서는 약간 변칙적으로 산인(山陰)측 중에서도 돗토리(鳥取)가 높으며, 산요(山陽)측에 있는데도 히로시마(広島)는 아주 낮은 상태입니다. 이것은 돗토리(鳥取) 현의 경우는 인구가 늘지 않았기 때문이고, 히로시마(広島) 현은 인구증가에 교회증가가 따라가지 못한다는 결과를 나타내고 있습니다. 쥬고쿠 지방 전체의 교회 증가율은 과거 10년간 6.2%로 지방단위로는 최저임에도 불구하고, 교회밀도는 매년 커지고 있습니다. 숫자 상으로는 기뻐할 일이지만 이것은 인구에 대한 교회의 많고 적음을 나타내는 비율에 지나지 않습니다. 면적당 인구밀도도 줄고 있기 때문에, 10년 동안에 29개의 증가로 493교회에 머무르고 있는 현상태에서는 대부분의 사람들에게 있어 교회는 아직도 먼 존재인 것입니다. 특히 교회 미설치 마을의 상황은 거의 변화가 없습니다. 히로시마(広島), 오카야마(岡山)의 양 현이 차지하는 산요(山陽)측은 지역개발의 계획도 진전되고, 시코쿠(四國)와의 연락가교(連絡架橋)도 예정대로 완성되

고, 이후로도 도시집중이 계속될 것으로 보이기 때문에 개척전도의 필요가 크다고 말할 수 있습니다. 돗토리(鳥取), 시마네(島根)의 양 현을 주로하는 산인(山陰) 지방은 뒤떨어진 느낌이지만, 그 땅에 훌륭한 발자취를 남긴 박스톤(Buxton) 선교사의 사역은 커다란 도전과 희망을 주고 있습니다.

16일 일본의 각 교파, 교단 지도자들을 위해 기도하자. 교파, 교단이 많다는 것이 걸림돌이 되지 않고 오히려 플러스가 되기 위해서는 지도자들이 진실하며 영적일 필요가 있다.

17일 각 전도단체의 지도자들을 위해 기도하자. 특히 경제적인 어려움에 직면하면서 사명을 다하고 있는 전도단체를 위해 많은 지원자가 생기도록. 악조건 속에서도 헌신적으로 봉사하는 전도단체의 사역자들을 위해.

18일 교회에서 멀어지고 있는 신자들을 위해 기도하자. 일시적인 실족이든, 근본적 치명적인 문제이든, 그 원인을 규명하여 제거하고 그리스도의 몸인 교회의 일원인 것을 자각하게 하자.

19일 이 계절에 각종 전도집회를 통하여 각각의 교회에 구도자가 늘어나도록. 구도자는 영적 준비가 되어져서 연말까지 세례를 받을 수 있도록. 가을의 열매를 기대하면서 기도하자.

쥬고쿠(中國) 지방을 위해

20일 쥬고쿠 지방에 있는 493교회 가운데 1할의 교회가 이후 5년 간에 하나의 개척교회를 탄생시킬 수는 없을는지. 당면과제는 히로시마(広島) 시, 오카야마(岡山) 시를 중심으로 한 인구집중지역에의 개척인데, 그와 동시에 과소화하는 산간부, 농산촌 등의 교회 미설치 마을에 대한 부담을 짊어질 인물, 단체 또는 교회가 생기도록 기도하자. 세토나이카이(瀬戸内海)의 섬들에도 필요하다.

21일 원자폭탄의 피해자인 히로시마가 있는 쥬고쿠 지방은 평화에 대한 관심이 클 것이다. 정치적, 사상적 평화보다 확실한 예수 그리스도에 의한 하나님과의 평화가 신앙에 의해 한 사람 한 사람에게 부여될 수 있도록. 같은 시기에 각지에 생겼던 선교의 모임이 사라진 가운데 유일하게 남아있는 '쥬고쿠 지방 선교의 모임'이 이 지방 교회의 좋은 교제와 협력의 장이 될 수 있도록.

돗토리(鳥取) 현

현청소재지 : **돗토리(鳥取) 시**
행정단위 수 : 4시(市), 35정촌(町村)
면적 : 3,507㎢
인구 : 618,868명
인구밀도 : 176.5명/㎢
교회 수 : 46개
한 교회가 담당할 인구 : 13,454명
교회 미설치 市 : 없음(※한 교회만 있는 市 : 없음)
교회 미설치 町村 : 26곳(그 중 인구가 2만 이상인 町村 : 없음)
한국인 선교사 수 : 없음

자연경관

다이센(大山) 등의 화산이 줄지어 이어진 세키료(脊梁) 산맥의 북쪽으로 일본해에 면해 있고 면적도 작은 편이며, 동경의 아타구치구(足立區)보다도 적은 인구로 전국 최소입니다. 동쪽으로부터 돗토리(鳥取), 구라요시(倉吉), 요나고(米子)의 3개의 작은 평야가 있는 것을 제외하고는 해안에 거의 평지가 없습니다. 돗토리를 비롯하여 몇 군데의 해안에는 사구(砂丘)가 있습니다. 기후는 하동(夏冬)에 강수량이 늘어나는 일본해식 기후로 특히 겨울은 호쿠리쿠 지방 다음으로 강설량(降雪量)이 많고 쾌청한 날이 적습니다.

산업과 문화

적은 인구이기 때문에 현 내 총생산은 최저이며, 1차산업 종사자의 비율이 도호쿠(東北), 시코쿠(四國), 큐슈(九州) 이외에서는 최고입니다. 기후 토지의 조건이 나쁘며 농업 생산액도 낮은 가운데 전국 제일의 배, 제 4위의 수박이 눈에 띕니다. 수산업은 좋은 어장을 끼고 있어 어획량이 일본해 연안에서 1위, 전국에서 4위입니다. 공업생산은 부족하지만 현 남쪽의 닌교도오케(人形峠) 부근에 매장량이 상당한 일본 굴지의 우라늄 광산이 있습니다.

고대(古代)에는 사철(砂鐵) 철근을 캘 수 있다는 점에서 대륙, 한반도로부터 금속가공 기술자들이 도래(渡來)하는 선진지역이었습니다. 해상교통이 커다란 동맥이었던 에도 시대까지는 사카이만(境港)이나 돗토리(鳥取)가 일본 해안의 다른 항구와 같이 번영하였고 문화를 지탱해 왔었으나, 육상교통이 발달하면서 우라닛뽄(裏日本:혼슈에서 일본에 면한 지방)이라 불리는 후진지역이 되었습니다. 기후의 영향도 있기 때문인지 보수적이며 지연관계가 깊은 지방입니다.

도전과 희망

불교를 믿는다는 회답율이 쥬고쿠(中國) 지방에서는 히로시마(広島) 현에 이어 높고, 기독교라고 답한 비율은 전국 최저입니다. 불교는 일찍이 나라(奈良) 시대에 전래되었으나, 구라요시(倉吉)의 고쿠분지(國分寺) 절터와 사이오노(際尾)의 폐사지(廢寺地) 흔적 등이 남아 있을 뿐입니다. 8~9세기 이후의 사원(祠院)은 남아 있습니다. 다이센(大山)은 쥬고쿠 지방의 산악종교 슈겐도(修驗道)의 대표적 영장(靈場)입니다.

기리스탄의 직접 선교의 기록은 없지만 입신자는 꽤 있었던 것 같습니다. 기리스탄 금지제 하에서 영주의 조처로 감옥에 갇힌 자에게도 관대하였으나, 막부 말기에 나가사키(長崎)에서 유배된 우라카미(浦上) 지방 기리스탄은 가혹한 대우를 받았습니다. 구라요시(倉吉), 돗토리(鳥取) 그리고 요나고(米子)에는 메이지 초기부터 전도가 이루어져 각각 교회가 설립되었습니다. 요나고(米子)에는 메이지 후기에 동양 선교회(후년 홀리네스)의 활발한 전도가 이루어져, 마츠에(松江)에 본거지를 둔 박스톤(B.F Buxton) 선교사의 산인(山陰) 일대 선교활동이 이 현에도 영향을 미쳤습니다.

돗토리 현을 위해

22일 산인(山陰)방송에서 방송되고 있는 라디오 프로그램 '참된 구원', 'Lutheran Hour 마음에 빛을', FM산인(山陰)에서 방송되는 '세상의 빛'이 효과적으로 쓰임받도록. 교회간의 건전한 교제와 협력관계가 유지될 수 있도록.

23일 크리스천 대상의 연수, 숙박시설로 운영되고 있는 YMCA 요비코(呼子) 고원 캠프장을 위해. 기독교 전문서점은 산인 지방에 한 군데도 없지만 크리스천에게 필요한 문서, 유익한 자료가 제공될 수 있도록.

24일 기독교 정신의 학교로 최근에 생긴 YMCA 요나고(米子)의료복지 전문학교를 위해. 복음에 뿌리내린 교육을 행할 수 있는 학교가 되도록. 크리스천인 학교 교사들이 격려받고 증인의 삶을 살 수 있도록.

25일 기독교 정신에 기초한 병원, 의원이 생길 수 있도록. 또한 크리스천 의료관계자(의사, 치과의사, 보건부, 조산부, 간호원, 간호사 그 외)가 격려받고 성실하게 일할 수 있도록.

26일 기독교 정신으로 운영되고 있는 사회복지시설인 돗토리에 있는 돗토리어린이학원(아동양호), 고케(郡家)에 있는 아이코카이 보시료(愛光會 母子寮)를 위해. 3 군데 있는 교회부속보육원을 위해.

27일 돗토리 현의 교회 미설치 지역 25마을에 교회가 생기도록. 다이센(大山)을 끼고 있는 도하쿠(東伯) 군은 9마을의 7만 명, 사이하쿠(西伯) 군은 8마을의 5만 명 인구에 각각 3~1 교회가 있지만 인구에 알맞는 숫자는 아니다. 과소경향이 큰 돗토리 현 가운데 비교적 조건이 좋은 지역이므로 도전을 기대해본다.

시마네(島根) 현

현청소재지 : 마쯔에 (松江) 시
행정단위 수 : 8시(市) 51정촌(町村)
면적 : 6,707㎢
인구 : 765,980명
인구밀도 : 114.2명/㎢
교회 수 : 51개
한 교회가 담당할 인구 : 15,019명
교회 미설치 市 : 1곳 (※한 교회만 있는 시 : 2곳)
교회 미설치 町村 : 36곳 (그 중 인구 2만 이상인 町村 : 없음)
한국인 선교사 수 : 없음

자연경관

쥬고쿠 산지의 일본해측, 동북에서 서남으로 약 180㎞, 폭은 약 20~50㎞, 전체적으로 경사가 급하고 평지가 적은 가늘고 긴 지역입니다. 동부의 시마네 반도는 해안선과 평행하는 낮은 산맥과의 사이에 현 내 제일의 곡창지대 야스키(安采), 이즈모(出雲) 두 평야를 이루고 있습니다. 해상으로 약 40㎞ 떨어진 곳에 주로 4섬으로 이루어진 오키쇼토(隱岐諸島)가 있습니다.

기후는 동부는 겨울에 비가 많고 때로는 다설(多雪), 서부는 비교적 온난하며 여름에 다우(多雨)입니다.

산업과 문화

면적은 전국 19위이나 인구는 전국 최소인, 돗토리(鳥取) 다음 가는 과소(過疎) 지역입니다. 경지율이 낮은데도 1차산업의 의존도가 높으며, 현내 총생산액은 3번째로 낮은 순위입니다. 축산이 눈에 띄며, 시마네와규(島根和牛)로 대표되는 식용소(肉牛)는 한 가구당 평균 사육수가 다른 현의 절반이지만 사육호수는 배 이상이므로, 총수(總藪)는 쥬고쿠 지방 최대입니다. 수산업은 이전만큼의 생산액에 못 미치며, 광공업도 전체적으로 활발치 않습니다. 이즈모(出雲)는 고대 일본의 중심지의 하나로 많은 유적이 지금도 미지의 역사를 감추고 있습니다. 대륙으로부터 철 문화의 전래를 시작으로 해상교통이 커다란 역할을 했던 에도 시대까지는 꽤 선진되어 있었습니다. 이와미(石見) 은광산(銀鑛山)은 에도 시대에 막부 직할로 일본 최대의 생산액이었습니다. 똑같이 보수적이면서도 이즈모보다 이와미쪽이 약간 개방적입니다.

도전과 희망

이즈모 다이샤(出雲大社)의 슬하에서 그 영향은 적지 않습니다. 어떤 종교를 믿는가는 의식조사에 나타나 있지 않지만, 신불에의 의존심, 조상에 대한 관심의 유무(有無)는 2위인 돗토리와 적은 차로 1위를 차지하고 있습니다.

역사전통 속에서 생활과 동시에 이웃 친척 관계의 친밀함과 어우러져 개인적 신앙의 결단을 곤란케 하고 있습니다. 그러나 일단 믿으면 쉽게 버리지 않는 견고함도 있습니다. 에도 시대 은광산 노동자 중에는 꽤 많은 숨은 기리스탄이 잠적해 있었다고 추측됩니다. 막부 말 쯔와노(津和野)에 유배된 우라가미(浦上) 기리스탄 36명의 순교로 인해 명치 초년 가톨릭이 이 곳에 선교를 시작하여, 아름다운 교회당이 관광명소가 되었었습니다(방화로 소실됨). 프로테스탄트는 초기에 성공회가 열심히 전도했으며, 1891년 Buxton 선교사의 부임에 의해 그 감화로 많은 인재가 배출되었습니다.

28일 현 내의 교회가 좋은 교제와 협력관계를 이룰 수 있도록. 동역자들의 교제를 위한 이즈모 지구 목사회와 이와미 지구 목사회의 두 그룹을 위해.

29일 크리스천 대상의 숙박·연수시설도, 기독교 전문서점도 없으므로, 성도들에게 격려가 되는 사역이 필요하다. 시마네 현에서도 청취할 수 있는 산인(山陰) 방송의 라디오 프로가 효과적으로 쓰임받도록.

30일 유일한 기독교 정신의 학교인 고쯔(江津)에 있는 기독교 아이신(愛眞) 고교를 위해. 가능하면 더 많은 학교가 생기도록. 또한 현 내의 크리스천 교사들이 이 땅의 소금과 빛으로서 학교 교단에 설 수 있도록.

31일 기독교 정신의 병원은 알려져 있지 않으나, 만약 있다면 의료를 통하여 주님의 영광을 나타낼 수 있도록. 현 내의 크리스천 의료관계자(의사, 치과의사, 보건부, 조산부, 간호부, 간호사 등)들을 위해.

1일 기독교 관계의 사회복지시설은 몇 군데의 교회부속 보육원 이외에 거의 발견되지 않는다. 노인홈 등. 지역에서 필요로 하는 사역에 대처할 수 있는 크리스천이 생기도록.

2일 시마네 현의 36곳이나 되는 교회 미설치 지역을 조금이라도 줄일 수 있도록. 특히 8마을로 인구가 6만 되는 야쯔카(八束) 군은 마쯔에(松江) 시의 주변이므로 가능성이 있다.

현청소재지 : 오카야마(岡山) 시
행정단위 수 : 10(市) 68정촌(町村)
면적 : 7,111㎢
인구 : 1,958,385명
인구밀도 : 275.4명/㎢
교회 수 : 143개
한 교회가 담당할 인구 : 13,695명
교회 미설치 市 : 없음 (※한 교회만 있는 市 : 1곳)
교회 미설치 町村 : 46곳(그 중 인구 2만 이상인 町村 : 1곳)
한국인 선교사 수 : 3명(2교회)

자연경관

쥬고쿠 산지의 분수계(分水界)를 등뒤로, 남쪽은 세또나이카이(瀬戸內海)에 면해 있으며, 바다를 건너 시고쿠(四國)의 카가와(香川) 현과 몇 군데의 섬을 서로 나누어 갖고 있습니다. 현의 북쪽에는 융기(隆起)된 기비(吉備) 고원과의 사이에 츠야마(津山), 구제(久世), 가쯔야마(勝山), 니이미(新見)의 작은 분지가 이어지며, 그곳에서 남하하면 요시이(吉井), 아사히(旭), 다까하시(高梁)의 세 강이 현의 남쪽으로 오카야마 평야(岡山平野)를 이루고 있습니다. 남으로 돌출한 고지마 반도(児島半島)는 옛날에는 섬이었던 곳이 간척공사를 하여 고지마(児島) 만이 되었고, 그 일부가 고지마(児島) 호(湖)로서 지금도 남아 있습니다. 기후는 세또나이식(瀬戸內式)이며 북부 산지를 제외하면 온난소우(温暖少雨)입니다.

산업과 문화

미즈시마(水島) 임해공업지대의 건설을 계기로 농업현에서 공업현으로 변모하였으나, 넓은 평지와 좋은 기후로 농업생산액은 쥬고쿠 지방에서 쌀, 보리, 야채, 과일 각각이 수위를 차지하며, 특산물인 포도는 전국 4위, 복숭아 5위, 현북(県北)은 축산으로 유지하고 있습니다. 구라시끼(倉敷)는 예술, 문화의 도시로 주목받고 있습니다. 고대에는 큐슈(九州)와 긴키(近畿) 지방의 2대 문화권을 연결하는 교통로상으로 많은 문물의 왕래에 접해 왔습니다. 에도 시대부터 각한(各藩)이 교육을 중시하여 동쪽의 나가노(長野)와 견주어 왔습니다. 오카야마(岡山) 현민은 계산이 빠르다고 말하는 것처럼 합리주의적인 경향을 볼 수 있습니다.

일하는 것이 힘들다라는 회답율이 전국 최소이며, 정신적 충족감을 나타내는 회답이 최고라는 결과가 있습니다.

도전과 희망

전통적인 신사 · 절로는 오카야마의 기비쯔(吉備津) 신사가 있으며, 많은 종교가들이 태어났습니다. 죠도슈(浄土宗)의 개조(開祖)인 호넨(法

然), 린자이슈(臨濟宗)를 연 에이사이(榮西), 막부 말부터 명치에 걸쳐 있던 신종교인 구로즈미쿄(黑住敎)의 교주 구로즈미 무네타께(黑住宗忠), 곤꼬쿄(金光敎)의 교주 가와테 분지로(川手文次郎) 등 지금도 이 종교들의 본부가 있습니다. 그 외에 니찌렌슈(日蓮宗)의 후쥬후세파(不受不施派:법화경의 신자 이외는 구제치 않는 종파로 막부의 탄압으로 금지당했다가 명치 9년 재건됨) 등 불교 모든 종파중에 눈에 띄는 움직임이 이 지방에서 일어났습니다. 현민의 종교의식은 평균 이상으로 관심이 높으며, 신도(神道) 신자의 비율이 높습니다. 일본 구세군의 창시자 야마무로 군뻬이(山室軍平), 가정학교(家庭學校) 창립자인 도메오가 고스께(留岡幸助)의 출신지이기도 합니다. 기리스탄 포교는 꽤 침투해 있었습니다. 명치 초년, 우라카미(浦上)의 기리스탄 신도 117명이 오카야마한(岡山藩)에 유배되어 대부분이 많은 고난을 받고 귀향했습니다. 프로테스탄트로는 가네모리 쯔린(金森通倫)에 의한 초기 전도, 이시이쥬지(石井十次)의 고아원 설립 등이 있습니다. 전후에 만들어진 '선교의 모임'은 쥬고쿠 지방에서만 계속되고 있습니다.

오카야마 현을 위해

3일 교회 협력에 도움이 되고 있는 '오카야마 현 선교의 모임', 지역적 교제인 '오카야마 시 기독교 교직자 연합회', '현북(縣 北)목사회', '구라시끼(倉敷市) 시 목사회', '비젠(備前)지구 목사회'를 위하여.

4일 크리스천 대상의 시설인 야쯔카(八束)의 히루젠(蒜山) 바이블 캠프장, 우시마도(牛窓)의 Youth센터를 위해서. 기독교 전문서점인 CLC Books 오카야마의 사역을 위해.

5일 현 내에는 아직 TV 복음방송이 방영되지 않고 있으나, 산요(山陽)방송을 통하여 라디오 프로 '희망의 목소리' 'Luteran Hour 마음에 빛을'이 방송되고 있다. 이 프로들이 효과적으로 쓰임받도록.

6일 창립 당시는 기독교 정신 위에 세워졌던 산요(山陽) 학원과 준세이(順正) 단기대를 위해. 또한 70년 전에 창립된 쯔야마(津山) 기독교 도서관과 쯔야마(津山) 과학교육 박물관 역사 민속관을 포함한 쯔야마(津山) 사회교육문화재단을 위해.

7일 창립 이래 백 년을 넘는 기독교 정신의 병원인 오카야마하꾸아이카이(岡山搏愛會) 병원의 사역. 병설운영되고 있는 노인홈인 아담의 집. 몇 군데의 교회, 개인이 운영하는 보육원을 위해서.

8일 오카야마 현의 교회 미설치 마을은 46군데나 있다. 그 대부분이 기비(吉備) 고원과 쥬고쿠 산지의 과소 지역으로 교회 개척에는 분명히 어려움이 인정되나, 5마을로 6만 가까운 인구가 있는 아사구찌(淺口) 군처럼 산요도(山陽道) 연변의 입지임에도 불구하고 교회가 하나밖에 없는 지역도 있다.

현청소재지 : 히로시마(広島) 시
행정단위 수 : 13(市) 73정촌(町村)
면적 : 8,476㎢
인구 : 2,876,405명
인구밀도 : 339.4명/㎢
교회 수 : 158개
한 교회가 담당할 인구 : 18,205명
교회 미설치 市 : 없음 (※한 교회만 있는 市 : 1곳)
교회 미설치 町村 : 59곳 (그 중 인구 2만 이상인 町村 : 2곳)
한국인 선교사 수 : 2명(2교회)

자연경관

쥬고쿠 지방의 중앙에 있으며, 남쪽은 세또나이카이(瀬戸內海)에 면해 있습니다. 북에서 북서로 달리는 쥬고쿠 산지는 서쪽 경계로서 카무리야마(冠山) 산지에 이어집니다.

동부에는 미요시(三次) 분지를 건너 기비(吉備) 고원이 펼쳐져 있고, 해안과의 사이에 후쿠야마(福山) 평야가 있습니다. 서부는 히로시마 평야가 있으며 히로시마 만에 면하여 있습니다. 세또나이카이(瀬戸內海) 상에는 히로시마 현에 속한 섬들이 약 150개 있는데, 약 40개를 제외하면 무인도입니다.

산업과 문화

면적, 인구 모두 쥬고쿠 · 시코쿠 지방에서 최대이며 전국에서는 11~12위입니다. 현 내 총생산액도 같은 순위이지만, 1차산업 비율은 쥬고쿠 · 시코쿠 지방에서 최하위입니다.

상공업 통계의 대부분이 수위를 차지하며, 특히 자동차, 철강, 의복은 전국 5위입니다.

농림업은 활발하지 않으나 수산업은 굴양식이 유명하여 전국의 6할을 차지하고 있습니다. 후쿠야마(福山), 오노미찌(尾道), 히로시마(広島), 구레(吳) 지구는 각각 공업지대로서의 발전을 계속하고 있습니다. 명치 이래 제2차 대전까지 히로시마 시는 군수산업도시, 구레(吳) 시는 군항(軍港)으로 번창하여 인접한 에다지마(江田島)에는 해군병 학교가 있었습니다. 원자폭탄 투하에 의해 커다란 희생을 지불하였으나 "No More Hiroshima"를 전세계에 호소하는 평화도시로 오히려 부흥을 진전시키고 번영을 이룩해 놓았습니다. 반면 농산촌이나 수많은 세또나이카이의 섬들은 돌보지 않은 채로 있습니다.

도전과 희망

전통적인 신사와 절로써는, 일본삼경(日本三景)의 하나이기도 한 미야지마(宮島)의 이쯔꾸시마(嚴島) 신사가 있습니다. 이 곳은 종교시설이라기보다는 관광의 대상이 되었습니다. 쥬고쿠 지방에서는 불교를 믿는 사람의 비율이 가장 높은 현입니다. 민중종교로서의 조도신슈(浄土

真宗)는 단순한 단가제도(檀家制度)의 습관적 불교에는 볼 수 없는 완고함이 있어, 명치 초기 이래 복음선교에 커다란 장애물이 되어 왔습니다.

도시부(市部)와 시골(町村部)의 교회밀도의 격차는 자연조건, 평지와 산간 지역의 격차의 영향일 것입니다. 교회 미설치정촌(町村)은 인구밀도가 적으며 교통이 불편한 산간부에 퍼져 있으나, 히로시마 시와 같이 급격히 인구가 증가한 도시부에서도 교회 증가가 따라가질 못하는 상황입니다. 전도하기 쉬운 인구집중 지역에도 한 층 더 적극적인 사역이 필요합니다.

히로시마 현을 위해

9일 현 내 목사님들의 교제와 협력이 건전하게 이루어질 수 있도록. 오카야마(岡山) 현과 함께 중심이 되어 있는 쥬고쿠 지방 선교의 모임이 점점 더 활발히 기능할 수 있도록.

10일 산요(山陽) 지방 일대에서는 아직 이루어지지 않은 TV 복음방송이 히로시마에서부터 시작될 수 있도록. 쥬고쿠 방송에서 방송되고 있는 라디오 복음프로인 '세상의 빛', '희망의 목소리', '참된 구원'을 위하여.

11일 크리스천 대상의 시설인 유끼(湯來)에 있는 히로시마 YMCA미노찌소(Minochi 莊), 결혼식장도 있는 히로시마 YMCA Hall을 위해. 기독교 전문서점인 CLC Book 히로시마점, 히로시마 세이분샤(聖文舍)를 위해.

12일 기독교 정신의 학원인 히로시마 여학원(대학, 고교, 중학), 히로시마 YMCA 학원, YMCA국제 비즈니스 전문학교, 건강복지 전문학교, 설계제도 학원, 그리고 후쿠야마(福山) YMCA 국제 비즈니스 전문학교를 위해.

13일 기독교 정신의 의료기관인 히로시마 시에 있는 가와무라(河村)병원. 구레시(吳市)의 아동 양호시설인 구세군 아이꼬엔(愛光園), 사이끼(佐伯)의 쯔다(津田), 어린이의 집, 부인을 위한 시설인 구레지아이료(慈愛寮), 미하라(三原)의 장애자시설인 히로시마 세이꼬(聖光) 학원, 다께하라(竹原)의 세이께이 쥬산죠(聖惠授産所) 등을 위해.

14일 59군데의 교회 미설치 마을 대부분이 있는 산간부에 교회가 생길 수 있도록. 5마을 합하여 4만 7천 명인 가모(賀茂) 군, 6마을 합하여 3만6천의 다까타(高田) 군, 7마을 합하여 3만 2천 명인 야마가따(山縣) 군에 교회가 생기도록. 또한 세또나이카이(瀨戶內海)의 작은섬의 주민들에게도 복음이 닿을 수 있도록 기도하자.

야마구치(山口) 현

현청소재지 : 야마구치(山口) 시
행정단위 수 : 14(市) 42정촌(町村)
면적 : 6,110㎢
인구 : 1,540,354명
인구밀도 : 252.1명/㎢
교회 수 : 95개
한 교회가 담당할 인구 : 16,214명
교회 미설치 市 : 없음 (※한 교회만 있는 市 : 2곳)
교회 미설치 町村 : 31곳(그 중 인구 2만 이상인 町村 : 없음)
한국인 선교사 수 : 2명(2교회)

자연경관

혼슈의 최서단에 위치하며 세 면이 일본해(日本海), 세또나이카이(瀬戸內海)에 둘러싸여 있습니다. 남서단은 폭 700m 칸몬카이쿄(關門海峽)를 사이에 두고 큐슈(九州)와 대면하고 있으며, 남동부의 앞바다에는 야시로지마(屋代島)를 비롯하여 크고 작은 섬들이 점재해 있습니다. 쥬고쿠 산지(中國山地)의 서단(西端)은 현 내에 들어서면서 낮은 고원 내지는 구릉상태를 나타내고 있습니다. 기후는 세또나이식(瀬戸內式), 일본해형(日本海型), 내륙형(內陸型)의 모든 요소가 포함되어 있고, 풍수해를 입기 쉬운 지방입니다.

산업과 문화

현내 총생산액은 쥬고쿠 지방에서도, 전국에서도 중위입니다. 농림업의 생산액은 적으며 쌀 보리를 주로 하고, 감귤류, 연근이 특산물입니다. 수산업은 시모노세키(下關) 등의 어항이 많고, 좋은 어장을 끼고 있으나, 연안어업의 부진으로 총 어획량은 감소경향을 보입니다. 새우류는 전국 2위, 도미류가 3위를 차지하며, 최근에는 양식어업으로의 전환이 도모되지고 있습니다. 공업은 발달하여 시멘트 외에 중화학 공업이 활발합니다. 고대에는 기타큐슈(北九州) 문화권에 속하여 일찍부터 대륙문화를 섭취한 선진지역이었습니다. 일본의 중심이 긴키(近畿) 지방으로 이동함에 따라 야마또(大和) 정권과의 관계도 유지되어져 왔습니다. 전국시대부터 모리(毛利) 가문의 지배하에 쥬고쿠 지역 일대에 그 세력을 떨치고, 명치 유신 후에도 신정부에 많은 인재를 보내어, 몇 명이나 되는 총리대신을 배출하고 있습니다.

도전과 희망

'천황은 존경해야 하는가' 라는 질문에 70% 이상이 긍정적으로 답하여 전국 1위입니다. 또한 '옛부터 내려오는 관습을 존중해야만 하는가' 라는 질문에는 70%가 긍정하여 4위를 나타내고 있습니다. 종교나 신앙에 관한 회답은 눈에 띄는 것은 없습니다. 야마구치 현에는 그다지 저명한 신사, 불사 혹은 종교적 시설 같은 것은 없습니다. 나라나 행정기관에서 하는 일에는 순종하는 편이 좋다고 대답한 것이 2위인 것과, 향토의식이나 연대감이 강한 것은, 개인의 결단 양심에의 순종을 요구하는 복음 수용을 어렵게 만들고 있습니다. 프란시스 자비에르가 교토(京都)로 가는 도중, 야마구치에서 포교하여 영주였던 오오우찌(大內) 씨의 호의를 입게 된 일로 인하여 기리스탄 신도가 늘어났습니다. 프로테스탄트 선교는 시모노세키(下關)에서부터 시작되었습니다. 폐쇄적 정신풍토 아래 선교의 어려움은 많이 있지만, 전전(戰前)의 모든 교파들의 활발한 전도활동이 나름대로의 성과를 올리고 있습니다.

야마구치 현을 위해

15일 현 내의 목사, 교회의 건전한 교제와 협력을 위한 사역이 추진될 수 있도록. 야마구치 '세상의 빛'을 돕는 모임, 일본 국제 기드온 협회 2개의 지부, 우베(宇部)와 시모노세키(下關) 시 2군데 있는 조찬기도회 등을 위하여.

16일 크리스천 대상의 시설인 기독교 전문서점도 없다. 성도들이 신앙의 격려를 받도록. 야마구치 방송에서 내보내는 '세상의 빛', FM 야마구치의 'Hit Pop guest'를 위하여.

17일 100년 이상의 역사가 있는 기독교 정신의 학원인 시모노세키의 바이꼬(梅光) 여학원(대학·초급대·고교·중학), 70년 역사가 있는 히까리(光) 시의 세이꼬(聖光) 고교가 한 층 더 복음 증거를 선명히 할 수 있도록.

18일 중증장애자의 자립을 목표로 하는 슈토(周東)에 있는 장애자 아파트 가메노이에(龜の家)를 위해. 교회부속 보육원도 2군데 밖에 알려져 있지 않다. 기독교 정신의 사회복지 시설이 더 생길 수 있도록.

19일 기독교 정신의 병원이 알려져 있지 않은데 만약 있다면 반드시 생길 수 있도록. 현 내의 크리스천 의사나 간호사 등 의료관계자를 위하여.

20일 현 내에 31군데나 있는 교회 미설치 마을에 교회가 생기도록. 시(市)가운데도 교회가 아직 하나밖에 없는 미네(美袮) 시와 신난요(新南陽) 시 중, 신난요 시는 인구 3만 3천이므로 한 교회가 더 생겨야 전국 평균에 이른다.

65세 이상 고령자가 전 인구 중에 차지하는 비율이, 1980년 9%, 90년 12%, 95년에는 15%로 가속도적인 증가 경향에 있습니다. 이 사실은 산업계를 비롯하여 각 방면에 여러 가지 영향을 주기 시작하였습니다.

교회도 예외는 아닙니다. 신자의 고령화로 예배의 출석인원이 저하되었습니다. 노인홈에 입소하거나 친척집 등에 몸을 맡기는 사람도 있습니다. 교회에서 돌보아야만 하는 사람도 생깁니다.

신자만이 아니라 목사의 고령화는 더욱더 심각한 과제를 던져 주고 있습니다. 현재 목회자의 연령층에 편중이 있어, 몇 년 후 같은 연령의 목사들이 대량으로 은퇴할 시기가 올 것이라 예상됩니다. 그 결핍을 보충할 젊은 목회자가 지금 상태로는 부족합니다. 그러나 지금이라도 많은 헌신자가 나오면 간신히 채울 수가 있겠지요. 어쩌면 신자의 사역을 촉구하는 절호의 기회가 되는지도 모르겠습니다. 또한 고령자가 늘어나는 것은 그분들을 구도자로 맞이하는 기회도 늘어나게 됩니다. 기독교 정신의 노인홈과 호스피스에 대한 기대가 큽니다.

시코쿠 지방(四國 地方)

선교의 실정

지방별로 보면 시코쿠 지방은 가장 교회의 충족율이 높으며, 4현 모두 전국 평균을 웃돌고 있

습니다. 그러나 총 숫자 321교회로는 면적에 비해 비교적 과소(過疎)라고 말하지 않을 수 없습니다. 한 교회가 담당할 인구는 카가와(香川) 현이 가장 적으며, 오키나와(沖繩)를 제외하면 1위로 동경과 거의 같습니다. 이하 에히메(愛媛), 고오찌(高知)에 이어 도쿠시마(德島)가 최고입니다. 원래의 교회 수(모교회 수)가 적기 때문에 증가 수도 적으며, 10년 간 37교회가 증가하여 지방별로는 최소이므로, 증가율도 최저로 쥬고쿠 지방과 거의 같습니다. 이 가운데 도쿠시마(德島)와 에히메(愛媛)는 낮고, 카가와(香川), 고찌(高知)는 높은데, 특히 카가와(香川)는 10년 간 72에서 88교회로 늘어났습니다.

오랫동안 카가와(香川) 현의 다까마쯔(高松)에서 전도하고 있는 Ralph Cox 선교사(TEAM)는 연이어 개척한 교회를 일본인에게 위임하는 사역을 하고 있으며, 이 숫자도 포함되어 있을 것입니다.

고오찌(高知) 현에서는 명치시대에, 미국 남장로교회 선교사들이 교통이 불편한 산속에 들

어가 서로 지역을 나누어 전도함으로써, 마을의 유력자(有力者)들이 입신하여 큰 열매를 맺은 실적이 있습니다. 십자가를 새겨 넣어 구운 기와 집의 용마루 끝은 당시 신도들의 간증으로 남아 있으며 크나큰 격려가 됩니다.

21일 복음에 있어서, 또한 하나님 앞에서의 인격적 존엄은 남녀차별이 전혀 없으나, 죄에 빠진 세계에서는 오랫동안 남녀차별이 있어왔고 교회속에도 차별이 있었다. 사회와 교회에서 여성이 바르게 그 위치를 정립할 수 있도록.

22일 장애자의 차별도 또한 큰 사회문제이다. 기독교회는 오래 전부터 복음을 장애자에게 전하기 위해 노력해 왔는데, 사회적 평등성을 주장하며 실천하는 일에도 솔선수범하도록.

23일 1980년에 일본복음동맹 후원하에 발족하여, 쯔꾸바(筑波)를 비롯하여 가와고에(川越), 미에(三重) 등 17지역에서 기독교 정신에 기초한 고령자 복지시설을 운영하고 있는 일본 킹스 가든 연합을 위해.

24일 복음적 신앙을 가진 의료관계자가 각자의 신앙을 두텁게 하여 교제를 통하여 사명을 다하며, 그리스도의 구원을 증거하게 되도록 국외연수, 세미나 개최등의 활동을 하고 있는 복음주의 의료관계자 협의회(EMF)를 위해.

25일 **시코쿠 지방(四國 地方)을 위하여**
곤삐라마이리(金比羅参:불교의 수호신 참배)를 위해 쯔르기야마(劍山)나 이시즈찌야마(石鎚山)에 등산을 시도하는 많은 순례자들이 있다. 그들이 찾고 있는 것과 그 이상의 것을 우리는 줄 수 있지 않은가. 그들을 위해 기도하자. 크리스천의 열심이 순례자의 열정 이하여서는 안 된다. 시코쿠(四國) 4현 1만 7천 명의 신자가 축복받도록.

26일 시코쿠(四國)에서 아직 교회가 하나도 없는 115마을에 전도의 거점이 생길 수 있도록. 그 중에서도 인구 2만 4천 명 가까운 카가와 현의 카가와 마을(香川町)에는 가능한한 빨리 필요하다. 프로테스탄트 교회가 하나밖에 없는 에히메 현의 이요미시마(伊予三島) 시, 고오찌 현의 토사(土佐) 시. 무로또(室戸) 시의 3도시를 위해서. 또한 년수를 거듭해 온 시코쿠 전 크리스천 수양회가 신도의 영성 향상에 도움이 되도록.

도쿠시마(德島) 현

현청소재지 : 도쿠시마(德島) 시
행정단위 수 : 4(市) 46정촌(町村)
면적 : 4,145㎢
인구 : 835,781명
인구밀도 : 201.6명/㎢
교회 수 : 55개
한 교회가 담당할 인구 : 15,196명
교회 미설치 市 : 없음 (※한 교회만 있는 市 : 없음)
교회 미설치 町村 : 32곳 (그 중 인구 2만 이상인 町村 : 없음)
한국인 선교사 수 : 없음

자연경관

시코쿠 동부, 동쪽은 기이(紀伊) 해협과 태평양에 면해 있고, 다른 세 방면은 1천~2천m의 산으로 둘러싸여 있습니다. 북부는 사누끼(讚岐) 산맥에 평행하는 중앙구조선을 따라 시코쿠 4현의 물을 모은 요시노(吉野) 강이 유일한 도쿠시마(德島) 평야를 만듭니다. 중앙으로부터 남부로는 시코쿠 산지 동단(東端)의 쯔루기 산지(劍山地)가 해안으로 막혀 있어 평지는 아주 적습니다. 기후는 북부는 세또나이식(瀬戶內式)으로 강수량이 적고, 남부는 태평양형으로 다우(多雨) 지역이며 자주 태풍이 닥쳐옵니다.

산업과 문화

1차산업의 취업자와 생산액 모두 시코쿠에서는 고오찌(高知) 현에 이어 높으며 농림수산업에 크게 의존하고 있습니다. 요시노 강 하류지역과 해안의 작은 평야에서 쌀농사를 하는 것 외에는 밭농사이며, 간사이(關西)의 대소비지를 위한 야채 및 꽃의 출하가 눈에 두드러집니다. 그 중에서도 카리플라워(꽃양배추)는 전국 1위입니

다. 특산인 아이(藍:藍蓼 식물여뀌과의 일종으로 줄기에서 염료를 취한다)의 유일한 생산현이나 생산량은 아주 적습니다. 아난지구(阿南地區)는 공업지대로 발전 과정에 있으며, 아까시다이쿄(明石大橋) 완성에 의한 경제효과가 기대됩니다. 에도 시대부터 상업활동이 활발하여 독특한 금전감각과 경쟁의식이 강하다고 합니다. 또한 경제활동에서 여성의 활동이 두드러지며, 여성 사장이 전국에서 제일 많다고 합니다. 지금은 세계적 화제거리가 된 매년 8월에 있는 축제 아와오도리(阿波踊)는 전통적이며 도덕관이 엄한 보수성에 대한 반발의 모습처럼 보여집니다.

도전과 희망

집안·가문을 중시하는 사람이 전국 1위, 조상과의 연대의식을 느끼는 사람은 전국 10위, 시코쿠 1위입니다. 88개소의 절을 순례하는 시코구 순례의 제1번인 류센지(靈山寺)가 있으면서도 불교를 믿는다는 회답이 별로 많지 않은 것은, 실리주의에 연결되는 소카각카이(創価学会)

나 교파신도의 신자들이 많기 때문입니다. 복음의 수용에 있어서도 손(損)인지 득(得)인지로 판단하는 경향이 강합니다. 나중에 신앙을 버렸지만, 영주(藩主)였던 스카하찌(順賀蜂)의 입신에 의해 기리스탄 포교가 진전되었습니다. 명치 초기에는 우라가미(浦上) 기리스탄 116명이 유배되었습니다. 프로테스탄트 선교는 성공회 선교사의 사역이 최초이며, 미국 남장로교회가 그 다음으로 이어집니다. 이 곳이 배출한 인물중에는 로건 선교사로부터 세례를 받은 카가와 도요히꼬(賀川豊彦)가 있습니다. 전후에는 이또에이이찌(伊藤榮一)가 농촌지대에 개척전도를 하여 가모지마(鴨島)를 비롯 와끼마찌(脇町), 사다미쯔(貞光) 등에 교회를 건축한 것이 아와(阿波) 리바이벌이라 불리며 이 일은 선교에 있어서 커다란 격려로 기억됩니다.

도쿠시마 현을 위해

27일 도쿠시마 현 교직자 연합회, 시코쿠 방송전도협력회, 도쿠시마 시민 크리스마스 등을 통해 목사와 교회 사이의 건전한 교제와 연락유지, 선교협력이 발전하도록.

28일 오사카 YMCA 아난(阿南)국제해양센터, 도쿠시마 기독교 센터 서점을 위해. TV복음방송의 실현을 위해. 시코쿠 방송에서 보내는 라디오 프로 '세상의 빛', '희망의 목소리', 'Luteran Hour'를 위해.

29일 시코쿠에서는 유일하게 미션스쿨이 없는 현이므로 성경에 따르는 교육을 하는 학교가 생기도록. 현 내의 학교에 봉직하고 있는 크리스천 교사들이 좋은 증인들로서 제자들에게 좋은 감화를 끼칠수 있도록.

30일 기독교 정신에 서서 경영되고 있는 와끼마지(脇町)에 있는 도쿠시마 에이고(德島榮光) 병원과 오오시마(大島) 병원을 위해. 그 외에 여러 의료기관에서 일하는 크리스천 의사, 치과의사, 보건부, 조산부, 간호부, 간호사 등을 위해.

1일 허약자 시설인 가모하꾸아이엔(加茂博愛園)을 위해. 그 외에도 기독교 정신으로 운영되는 사회복지시설이 있으면 알려지도록. 현 내에 많은 교회부속, 또는 크리스천이 운영하는 보육원을 위해서.

2일 도쿠시마 현의 교회 미설치 32마을의 대부분은 시코쿠 산지(四國山地), 쯔루기 산지(劍山地) 일대의 과소 지대에 있는데 요시노(吉野) 강 하류의 도쿠시마 평야에도 적지 않다. 가모지마(鴨島) 등의 예를 배워 도전하길 기대한다.

카가와(香川) 현

현청소재지 : 사까마쯔(高松) 시
행정단위 수 : 5(市) 38정촌(町村)
면적 : 1,876 ㎢
인구 : 1,035,579명
인구밀도 : 552.0명/㎢
교회 수 : 82개
한 교회가 담당할 인구 : 12,629명
교회 미설치 市 : 없음 (※한 교회만 있는 市 : 없음)
교회 미설치 町村 : 19곳 (그 중 인구 2만 이상인 町村 : 1곳)
한국인 선교사 수 : 없음

자연경관

시코쿠의 북동부에 위치하고 있으며, 남북이 좁고 동서로 긴 부채꼴로, 전국에서 제일 작은 면적인 현입니다. 쇼도시마(小豆島) 등 다수의 섬을 포함하는 북부, 중앙의 사누끼 평야(讚岐 平野), 남부의 사누끼 산맥(讚岐 山脈)으로 이루어지고 있습니다. 북쪽은 세또나이카이(瀬戸 内海)에 면해 있으며 긴 해안선을 가지고 있습니다. 기후는 세또나이식의 온난소우(溫暖小雨)이며, 옛날부터 만들어진 저수지 수는 2만여 개가 있다고 합니다.

산업과 문화

1차산업 비율은 시코쿠에서 최소이지만, 대지(臺地)를 포함한 평지가 많으며 2모작이 가능하기 때문에 어느 정도의 생산량을 올리고 있습니다. 특산으로는 전국 3위의 양상추, 시코쿠 제일의 양파 등입니다. 수산업은 양식이 활발하며 방어와 김의 수확량이 쥬고쿠, 시코쿠 지역에서 각각 1위, 2위입니다. 공업지대는 다까마쯔(高松)에서 간논지(觀音寺)까지의 해안에 펼쳐 있고,

세또다이쿄(瀬戸大橋)의 개통에 의해 발전이 촉구되고 있습니다. 일찍부터 시코쿠의 현관입구로 번창하였고, 시코쿠 순례(88사찰을 순례하는 행사)와 고또히라구(金刀比羅宮)의 참배객들이 각지에서 도래하여 사람과 문물의 출입이 빈번하였습니다. 그 때문인지 보수적, 전통적인데도 타인과의 협력과 상부상조의 정신이 결핍되어 있다고 합니다. 기후는 온난하며 자연재해가 적기 때문에 현민은 온화하며 소극적이고, 노동을 싫어하지 않고 일 이외에는 즐겁게 노는 낙천적인 면이 있습니다.

도전과 희망

종교의 관심도가 꽤 높으며, 특히 불교를 믿는다고 하는 회답율은 쥬고쿠, 시코쿠 지방중에 최다(最多)입니다. 고우보다이시(弘法大師 : 진언종의 개조로서 당나라의 장안에서 배운 구우가이(空海)를 칭함)의 출신지라는 역사가 있는 데다가, 시코쿠 순례 67번부터 마지막 88번까지의 절이 있습니다. 한편 불교의 수호신으로 인도에

기원이 있는 콤삐라(Kompira)를 모신 고또히라구(金刀比羅宮)는 신불혼합의 전형적인 예로써 옛날부터 해상 안전의 신으로 해운관계자를 중심으로 널리 전국적으로 신앙되어져 왔습니다. 이러한 지반(地盤)의 탓인지 다른 신흥종교는 볼 수 없습니다. 기리스탄의 포교는 그다지 퍼지질 못했습니다.

명치 초기에는 선교사에 의한 전도가 이루어졌고, 1899년에는 뱁티스트 교회의 전도선(傳道船) 후꾸인마루(福音丸)에 의해 섬들에 대한 전도가 진행되었습니다. 전후에는 TEAM 선교사 Cox에 의해 소그룹 개척전도로부터 교회의 탄생을 이룬 것, 또한 남장로교회 선교단에 의한 시코쿠가쿠인四國學院) 대학(설립이 지역전도에 힘을 북돋워 주고 있습니다.

카가와 현을 위하여

3일 현 내의 목사와 교회가 좋은 교제를 가지며, 건전한 협력을 할 수 있도록. 다까마쯔(高松) 해외선교기도회, 카가와 현 복음주의 목사회, 카가와 현 선교연락협의회가 지역선교에 도움이 되도록. 또한 여호와 증인, 통일교 대책 카가와 네트, 시코쿠 지구 결혼 위원회의 사역을 위해.

4일 라디오 복음 방송프로 'Luteran Hour 마음의 빛을', 'Bible and You', FM 카가와로부터 방송되는 'Career Midnight Cruise'를 위하여.

5일 크리스천 대상의 시설인 고베(神戶) YMCA 요시마(余島) 야외활동 센터를 위해. 기독교 전문서점인 Life center 다까마쯔 서점을 위해. 현 내 크리스천들의 신앙을 건전하게 성장시키는 사역을 위하여.

6일 이 지방의 필요에 의해 설립된 니시니혼(西日本) 선교학원(신학교)을 위해, 기독교 정신에 기초한 젠즈지(善通寺) 시의 시코쿠 학원대학(대학·초급대)이 복음증거를 계속해 나갈 수 있도록. 더 나아가 기독교 정신에 기초한 미션 중학·고교가 생길 수 있도록.

7일 기독교 정신으로 세워진 의료기관인 다까마쯔(高松) 시의 에이꼬카이(榮光會) 누가병원을 위하여. 다까마쯔 시에 있는 고령자 복지시설 시온의 언덕홈, 한잔(飯山)에 있는 마끼노 마을 노인홈과 고오잔소(虹山莊), 마루가메(丸龜)의 케어하우스·베델을 위하여.

8일 교회 미설치 마을의 전체 마을에 대한 비율이 카가와 현은 50%, 즉 2마을에 한 교회가 있다. 이것은 가나가와(神奈川), 도쿄(東京), 시즈오까(靜岡), 오키나와(沖繩), 오오사까(大阪)에 이어 6위에 해당한다. 그래도 6마을에 9만 5천의 인구가 있는데 한 교회밖에 없는 아야우따(綾歌) 군에 몇 개 더 교회가 생길 수 있도록 기도하자.

현청소재지 : 마쯔야마(松山) 시
행정단위 수 : 12(市) 58정촌(町村)
면적 : 5,676 ㎢
인구 : 1,517,190명
인구밀도 : 267.3명명/㎢
교회 수 : 122개
한 교회가 담당할 인구 : 12,436명
교회 미설치 市 : 없음 (※한 교회만 있는 市 : 1곳)
교회 미설치 町村 : 33곳 (그 중 인구 2만 이상인 町村 : 없음)
한국인 선교사 수 : 2명(2교회)

자연경관

시코쿠의 북서부. 북은 세도나이카이(瀬戸内海), 서는 분고(豊後) 해협에 면해 있습니다. 북동에서 남서로 약 150㎞의 가늘고 긴 지형으로, 해안을 따라 동으로부터 니이하마(新居浜) 평야, 이마바리(今治) 평야, 세또나이카이로 돌출해 있는 다까나와(高縄) 반도의 서쪽으로 마쯔야마(松山) 평야가 있습니다. 서부는 중앙구조선을 따라 이시즈찌(石鎚) 산맥의 연장선상에 사따미사끼(佐田岬) 반도가 있습니다. 북부는 세또나이식, 남부는 태평양형 기후로 시코쿠의 최고봉인 이시즈찌 야마(石鎚山)는 4월 말까지 눈이 남아 있습니다.

산업과 문화

1차산업 취업률은 감소경향이라고는 하나 경지면적에 있어서도 농업 생산량에 있어서도 시코쿠 제일입니다. 특히 과일이 쥬고쿠 지방 이하의 서쪽 지역에서 최대인 것은 전국의 75%를 차지하는 귤을 포함하기 때문입니다. 수산업도 어획량은 시코쿠에서 제일인데 그 중 3분의 1이 양식이고, 도미는 전국 1위, 방어는 2위입니다. 공업은 니이하마(新居浜) 부근과 도요(東予) 지구에 확대되고 있습니다. 마쯔야마의 도고(道後) 온천은 일본에서 가장 오래된 온천이라 하며, 만요슈(万葉集)에도 시(詩)가 남아 있을 정도로 고대문화가 짙게 그 흔적을 남기고 있습니다. 기후가 좋으며 자연재해도 적은 환경탓인지 아름다운 처녀를 의미하는 현 이름처럼 현민은 온화한 성격을 가지고 있습니다. 권위나 전통에 순종하며 지역사회와의 협조성이 강한 반면 친숙해지는 데 시간이 걸립니다.

도전과 희망

시코쿠의 순례길에 따라 수많은 절이 있고, 일반적으로 종교심이 낮은 편은 아닙니다. 전통을 중시하고 체제에 순종하는 경향이 강한 반면, 종교적 수용성도 있는 것 같습니다. 의식조사에서는 기독교를 믿는다는 회답이 긴키, 쥬고쿠, 시코쿠 지역 일대에서 최고율을 나타내고 있습니다.

명치 초기 프로테스탄트의 전도는 선교사에 의해 착수되고, 1878년 이마바리(金治)에 시코쿠 최초의 교회가 설립되었습니다.

여러 가지 조건의 혜택을 받은 마쯔야마(松山)에는 미션 스쿨이 생기고 각 교파의 교회가 세워졌습니다. 시코쿠 최초의 교회가 에히메 현에 생긴 것을 고려해 볼 때 물심양면의 혜택을 받은 이 지역은 선교 강화의 커다란 가능성과 희망을 나타내고 있습니다.

전 시코쿠 크리스천 수양회도 마쯔야마를 중심으로 열리고, 지금도 계속 그 추진 역할을 담당하고 있습니다. 전반적인 인구 감소 경향 속에서 12시(市) 중, 7시가 증가를 보이는 것에 주의할 필요가 있습니다.

에히메 현을 위해

9일 현 내의 교회, 목사 사이의 건전한 교제와 협력관계가 성장하도록, 에히메 현에서 일어난 전 시코쿠 크리스천 수양회가 영적 풍성함과 은혜가 넘쳐 계속될 수 있도록.

10일 현 내에서 TV 복음프로 방영이 실현될 수 있도록. 난카이(南海) 방송에서 내보내고 있는 라디오 프로 '세상의 빛', '참된 구원'을 위해. 인구 과소지역인 교회 미설치 마을에도 도달하는 전파가 활용될 수 있도록.

11일 크리스천 대상의 시설인 사이죠(西条)의 우사기노야마 이즈미노이에(兎の山泉の家) 캠프장(홀리네스교단), 마쯔야마 세이비(濟美)회관을 위해. 기독교 전문 서점인 마쯔야마 기독교서점, 하꼬부네(방주) 서점을 위해.

12일 모두 기독교 정신의 학원으로 역사가 있는 마쯔야마 시노노메(松山東雲) 학원 (여대, 초급대, 고교, 중학), 마쯔야마 죠난(城南) 고등학교를 위해. 마쯔야마의 장애자시설인 아유미 학원을 위해.

13일 기독교 정신 병원인 마쯔야마 베델 병원을 위해. 기독교 정신으로 운영되고 있는 가와우찌(川內)에 있는 고령자 시설 마쯔야마 에덴동산, 베델홈, 특별양로 노인홈인 갈릴리소(Galilee 莊)를 위해.

14일 에히메 현도 비교적 교회 미설치 마을수의 비율이 적은 편이나, 이요(伊予) 군과 미나미우와(南宇和) 군 어딘가에 교회가 더 있으면 좋겠다. 이요미시마(伊予三島) 시도 3만 8천의 인구에 교회가 하나밖에 없다.

고오찌(高知) 현

현청소재지 : 고오찌(高知) 시
행정단위 수 : 9(市) 44정촌(町村)
면적 ; 7,104㎢
인구 : 821,199명
인구밀도 : 116,3명/㎢
교회 수 : 62개
한 교회가 담당할 인구 : 13,245명
교회 미설치 市 : 없음 (※한 교회만 있는 市 : 2곳)
교회 미설치 町村 : 31곳 (그 중 인구 2만 이상인 町村 : 없음)
한국인 선교사 수 : 없음

자연경관

시코쿠 산지를 등뒤로 태평양에 면해 있고, 시코쿠 남부의 반을 차지하는 최대 현입니다. 직선거리로 동서 180㎞의 길이이며, 가주지(可住地)의 비율이 전국에서 제일 낮으며 인구밀도도 밑에서 네 번째입니다. 산이 아주 많은 지형으로 평지는 고오찌 평야(高知 平野)와 나까무라 평야(中村 平野)뿐입니다. 항구(灣口) 130㎞의 도사 만(土佐 灣)을 둘러싸고 동서에 무로또미사키(室戶岬), 아시즈리미사키(足摺岬)의 두 개의 반도가 제각기 태평양으로 돌출되어 있습니다. 특히 여름은 고온다습합니다. 쾌청일수는 년간 70일밖에 되지 않으며, 태풍의 피해도 큽니다.

산업과 문화

현 내 총생산에 차지하는 1차산업 비율이 전국에서 두 번째로 낮으며, 경지면적이 적기 때문에 농업생산도 그다지 크지 않습니다. 쌀도 현 내의 것만으로는 부족하며, 과실도 생산량이 아주 적은 가운데 눈에 띄는 것은 전국 1위의 가지, 3위의 피망입니다. 전체 현 면적의 80%가 임야로, 임업은 수위를 차지하고 있습니다. 수산업도 전체 수확량은 많지 않으나 가다랭이는 2위, 참치는 4위의 어획고입니다. 지리적으로 단절되어 있기 때문에 시코쿠 중에서도 다른 현과는 꽤 다른 기풍을 가지고 있습니다. 중세 이래 중앙과의 교통은 배에 의존하였고, 교토(京都) 문화가 직수입되었습니다. "토사(土佐) 기골"이라 불릴 정도로 완고하며, 반권위주의적이며 정부나 천황, 윗사람에 대한 존경, 복종에 긍정적인 사람이 적다는 순위를 가지고 있습니다.

도전과 희망

의식조사에서는 종교나 신앙심에 비교적 담백한 경향을 나타내며, 구김살없는 자유로움이 특색입니다. 시코쿠 순례의 절이 현 내에 16곳이 있으나 다른 현에 비해 화제가 되는 곳은 없는 느낌입니다. 명치 초년 이 곳에도 나가사키우라카미 기리스탄이 126명 유배되었는데 관대하게 대우 함으로 신앙을 버린 사람이 나오지 않았습니다. 종교적 무관심과 모순되게 신도(神道)를 믿는다고 회답한 사람이 와카야마(和歌山), 나라(奈良)에 이어 많은 것은 민간신앙적인 고신도(古神道) 전통의 영향입니다. 다른 신흥종교도 그다지 활발하지 않습니다. 프로테스탄트는 외국 선교사가 전했으며, 교회의 기초가 빠르게 이루어졌습니다. 미국 남장로교회 선교사, 특히 Macilwain 선교사는 부자 2대에 걸쳐 그 지역에 뿌리를 내리는 선교를 깊은 산속의 벽지에까지 이루어 놓는 큰 성과를 남겼습니다.

고오찌 현을 위해

15일 현 내 교회와 목사들 간의 건전한 교제와 좋은 협력관계가 이루어지도록. 고오찌 현 복음협력회를 위하여. 크리스천 대상 시설로, 시코쿠 리바이벌 기도원이 활용될 수 있도록.

16일 기독교 전문서점인 고오찌 복음서점을 위해. 크리스천 인구는 물론이고 일반 인구도 적은 가운데 전문서점의 경영이 어렵지만, 이 서점이 크리스천을 위한 격려가 될 수 있도록.

17일 산간벽지, 과소 지역에도 효과적으로 전달되는 TV복음프로가 현 내에도, 제공될 수 있도록. 고오찌 방송에서 보내고 있는 라디오 프로 '그리스도에게로의 시간', '참된 구원'을 위해.

18일 백 년의 역사를 가진 기독교 정신의 학교인 고오찌 시의 세이와(淸和) 학원(여고, 중학)을 위해. 성경에 따르는 교육이 이루어지도록. 현 내에서 교육에 종사하는 크리스천 교사들이 격려받을 수 있도록.

19일 기독교 정신의 의료기관은 없으며 또한 사회복지시설도 없다. 현 내의 일반 의료기관, 노인홈, 장애자를 위한 시설에서 일하고 있는 크리스천들이 전도인이 되도록.

20일 교회 미설치 31마을의 대부분이 인구 천 명에서 4천 명 정도의 과소 지대이므로 교회신설은 용이하지 않다. 그러나 7마을 3만 6천 인구에 교회가 한 곳도 없는 하따(幡多) 군이나 한 교회는 있으나 5마을을 합하면 인구가 7만에 가까운 아가와(吾川) 군에 교회가 더 개척되도록.

정치, 교육 그 외의 전분야에서, 창조주되신 하나님이 인정받고, 구세주 예수가 받아들여지기 위해서는 일본 전체의 성도 한 사람 한 사람이 지역, 직장, 학교 등에서 가까운 사람들에게 개인적인 영향력을 끼치는 것이 제일 좋습니다. 전도는 의무나 강제로 하는 것이 아니고, 주 예수 그리스도의 구원의 은혜를 입은 기쁨, 감사가 저절로 일어나는 열정을 가지고 이루어지는 것입니다. 그러기 위해서는 신앙의 기초가 확립됨과 동시에 학습과 훈련이 필요합니다. 그리스도의 몸된 교회가 형성되기 위해서는 몸의 지체인 성도 한 사람 한 사람이 건전하게 육성되어야만 합니다.

전도나 교회 형성은 원칙적으로 개교회별로 자주적으로 행하는 것이지만, 그 효과를 높이기 위해 좋은 프로그램이나 자료가 필요하며, 지역 교회가 협력하여 이루어지는 것이 바람직합니다. 그럴 때에 각기 지역에 대한 전도의 부담을 서로 나누며, 서로 도우면서 깊이 뿌리내리는 폭넓은 전도가 가능케 될 것입니다. 교회 간, 교파 간의 협력으로 전도단 활동을 추진하고 있는 단체나, 그 사역, 조직, 스태프들을 위해 기도합시다. 소위 초교파 전도운동에서 일어나기 쉬운 오해나 대립으로부터 혼란이 일어나는 일이 없도록 서로 충분히 협력하며 배려를 해야만 합니다.

큐슈 지방(九州 地方)

도전과 희망

일본 중에서 가장 빨리 또한 깊게 기독교와 관

계한 곳이 큐슈 지방입니다.

오키나와(沖縄), 다네가시마(種子島), 가고시마(鹿兒島)에 서양으로부터의 항해자들이 가지고 온 문물과 함께 기독교가 전해졌습니다. 유감스럽게도 그 후 쇄국제도 금교령에 의해 철저한 탄압과 배제(排除)가 이루어져, 많은 순교자, 기교자(棄敎者), 가꾸레(은둔) 기리스탄을 남기며 공공연한 세계로부터 말소되어 버렸습니다. 명치 이후, 다시 도래한 가톨릭 선교사는 지난날의 전도지에서 포교를 재개하였습니다. 뜻밖의 가꾸레 기리스탄의 발견에 감격은 하였지만, 너무나 많은 격리감에 서로가 같은 뿌리라는 것을 승인할 수 없었던 일도 있었습니다. 만약 기리스탄이 성경을 전하였었더라면 사정은 달랐을 것입니다.

프로테스탄트도 막부 말에서 명치에 걸쳐 나가사키(長崎), 구마모토(態本), 사가(佐賀) 등에서의 초기 사역이 시작되었습니다. 전후는 미국 남부 뱁티스트(Southern Baptists) 선교단의 사역에 의해 일본 뱁티스트연맹 교회가 몇 군데나 신설되었습니다.

이 외에도 소규모이지만 외국 선교단체에 의

한 지방 선교가 구마모토(熊本), 오이타(大分), 미야자키(宮崎) 등에서 이루어졌습니다. 인구가 과소화되는 경향 가운데에서도 교회들이 힘을 잃지 않는 것은 감사한 일입니다.

효과적인 전도를 위해

21일 방문전도 봉사자가 되는 성도와 목사가 서로 파트너가 되어, 교회를 방문하는 구도자에게 1대 1로 마음이 통하는 인격적 관계를 계속 유지함으로 세례까지 인도해 주는 사역, 즉 평상시의 조직적 방문전도 활동을 추진하고 있는 '방문전도 전국연합회'를 위하여.

22일 교회가 그리스도의 몸으로 건전하게 성장하도록 매년 12명의 목사를 연수생으로 선발하여 2년간 목회하면서 배울 수 있게 하는 사역과 교회성장, 개척전도 문헌을 출판하는 '일본 교회성장연구소'를 위해

23일 가정주부나 학교, 직장 등의 그룹으로 디스커션 방식에 의한 성경연구법을 추진하는 사역을 하고 있는 '성경을 읽는 모임'과, 각지에 생기고 있는 성경공부 그룹을 위해 기도하자.

24일 모든 사람에게 복음을 전하고 모든 크리스천이 좋은 증인이 되어, 모든 교회가 성장하는 것을 목표로, 전국 각 현에서 사역을 전개해온 '총동원전도(總動員傳道)'를 위해. 아직 이 사역이 미착수된 몇 개의 현을 위해 기도하자.

25일 **큐슈 지방을 위해**
서일본(西日本) 지역은 한 교회가 담당할 인구가 가장 많은 지방으로, 특출나게 교회 설립율이 높은 오키나와(沖繩) 현도 합한 평균임에도 불구하고, 사가(佐賀)의 3만 명을 필두로 2만 이상의 현이 네 곳이나 있고, 나머지 두 현도 평균 이상이다. 과거 10년 간의 증가율은 그다지 나쁘지는 않지만, 작년 한 교회의 증가도 없었던, 사가(佐賀), 오이타(大分), 미야자키(宮岐)의 3현에 반드시 한 교회라도 개척되길.

26일 오랫동안 교회가 없었던 사가(佐賀) 현 다꾸(多久) 시에 교회가 탄생했다. 아직도 가톨릭 교회밖에 없는 나가사키(長岐) 현 마쯔우라(松浦) 시와 카고시마 현 가세다시(加世田)에 프로테스탄트 교회가 생길 수 있도록.
교회 미설치 지역 353마을 가운데 인구 2만 이상의 마을이 10군데 있으며, 후쿠오카(福岡) 현에 집중해 있다. 다른 6마을도 대부분이 대도시 주변 지역으로 인구증가가 진척되고 있는 곳이므로 기도해 주길 바란다.

현청소재지 : 후쿠오카(福岡) 시

행정단위 수 : 24(市) 48정촌(町村)

면적 : 4,968㎢

인구 : 4,955,439명

인구밀도 : 997.5명/㎢

교회 수 : 272개

한 교회가 담당할 인구 : 18,219명

교회 미설치 市 : 없음 (※한 교회만 있는 市 : 5곳)

교회 미설치 町村 : 49곳 (그 중 인구 2만 이상인 町村 : 4곳)

한국인 선교사 수 : 12명(6교회)

자연경관

큐슈 북단, 북부는 스오나다(周防灘), 히비끼나다(響灘), 겐카이나다(玄界灘)에 면해 있고, 남부는 히꼬 산(英彦 山) 주변의 산들과, 치꾸히(筑肥) 산지를 경계로, 남서부는 아리아케카이(有明海)에 약간 면해 있고, 서부는 치꾸고(筑後) 강과 세부리(背振) 산지가 경계입니다. 복잡한 기복의 쯔꾸시 산지(筑紫 山地), 그 사이에 쯔꾸시 평야(筑紫 平野), 후쿠오카 평야(福岡 平野), 노오가따 평야(直方 平野) 그 외에 해안 평야와 소분지 등이 있습니다. 기후는 일반적으로 온난하며, 북부는 산인형(山陰型), 중앙과 남부는 내륙형과 세또나이식 기후가 다소 함께 나타납니다.

산업과 문화

1차산업에의 취업자, 생산량의 비율은 큐슈 최저이지만, 곡창지대인 치꾸고 평야(筑後 平野)의 반을 차지하고 있기 때문에, 쌀, 보리, 야채, 과실 등의 생산량은 어느 정도 수준에 이르고 있습니다. 임업, 수산업 등은 전국의 평균 수준입니다. 치꾸고(筑後)에 치꾸호(筑豊) 석탄광으로 발전한 기타큐슈(北九州)는 일본 4대공업지대의 하나인데, 석탄 사양화의 영향을 크게 받았습니다. 그래도 공업은 활발하여 긴키 지방 이하 서일본 지역에서는 히로시마(広島)와 함께 수위를 차지하고 있습니다. 일본열도에 있어서 고대문화의 대표적 중심이 이 곳에 있으며, 야마토(大和) 정권 확립 후에도 관청이 있어, 중앙과의 파이프 라인 역할을 했습니다. 그 때문인지 도회지적 타인을 차별하지 않고 개방적입니다. 대륙에 가깝기 때문에 외국인 거주자가 긴키 지방 이하 서부지역에는 특출나게 많은 28만입니다. 인구유동도 심한 현입니다.

도전과 희망

무나카타(宗像) 신사, 미야지타께(宮地嶽) 신사, 카지이구(香椎宮), 다자이후 텐만구(太宰府 天満宮) 등 고대 제사(祭祀)에 관계있는 신사(神社)가 많습니다.

의식조사에서는 불교를 믿는다는 회답이 많은

것에 비해 유명한 절은 없습니다. 일찍부터 기리스탄의 영향을 받았지만 영주(領主)들이 호의적이지 않아서 많은 순교자를 냈습니다. 금교령 폐지 후 가톨릭은 가꾸레(은둔) 기리스탄 발견을 계기로 전도를 추진하였고, 프로테스탄트도 일찍부터 전도를 하고 있습니다. 큐슈에서는 오키나와(沖繩)를 별도로 가장 교회밀도가 높다고는 하나 전국 평균 이하이므로 더욱 선교의 진전이 필요합니다. 특히 인구 2만 이상의 교회 미설치 마을이 5곳, 합계 13만 명이나 되는 영혼이 교회로부터 격리되어 있습니다.

27일 지역의 TV복음프로 방영이 실현될 수 있도록. 큐슈 아사히(九州朝日) 방송에서 내보내는 라디오 프로 '참된구원'을 위해. 큐슈 복음협력회, 후쿠오카 목사회를 위해.

28일 크리스천 대상 시설인 후쿠오카 YMCA 호텔을 위해. 후쿠오카 시의 기독교 전문서점 Life Center 후쿠오카 서점, 신세이칸(新生館), 요단사 후쿠오카점. 기타큐슈 시 고쿠라 기타구(北九州市小倉北區)에 있는 요단사 기타큐슈 서점을 위해.

29일 후쿠오카 여학원 (오고오리(小郡) 시에 대학, 후쿠오카 시에 단기대, 고교, 중학), 기타큐슈 시의 세이난(西南) 학원(대학, 고교, 중학), 세이난 여학원(대학, 단기대, 고교, 중학), 기타큐슈 시의 오리오(折尾) 여자학원(여자경제초급대, 고교, 중학)을 위해.

30일 기독교 정신에 기초한 시메(志免)에 있는 후쿠오카 카메야마 에이꼬 병원(福岡龜山榮光 病園)을 위해. 일반 병원 등에서 일하고 있는 크리스천 의료 관계자들을 위해.

31일 중증 심신장애아 시설로써 오랜 역사가 있는 히사야마(久山)의 히사야마료이꾸엔(久山療育園), 장애자 직업보도시설인 오무타게이아이아이엔(大牟田惠愛園)과 게이아이(惠愛) Work Center 등을 위하여. 큐슈 지방에서 후쿠오카 현에 제일 많은 재일 외국인을 위하여.

1일 후쿠오카 현에서 교회 미설치 지역 48마을은 대부분 인구감소 경향에 있고 거의 2~3천에서 7~8천 명의 규모이지만, 3만 2천의 미즈마끼죠(水卷町) 2만 5천의 스에죠(順惠町)등은 증가를 보고 있다. 2마을이 3만 3천인 미이(三井) 군, 2마을에 3만 1천인 이또시마(糸島 郡) 군도 증가하고 있다. 인구는 감소하고 있으나 6마을에 6만 명 가까운 야메군(八女郡)의 어딘가에 교회가 세워지도록 간구하자.

현청소재지: 사가(佐賀) 시
행정단위 수 : 7(市) 42정촌(町村)
면적 : 2,439㎢
인구 : 883,960명
인구밀도 : 362.4명/㎢
교회 수 : 31개
한 교회가 담당 할 인구 : 28,515명
교회 미설치 市 : 없음 (※한 교회만 있는 市 : 3곳)
교회 미설치 町村 : 36곳(그 중 인구 2만 이상인 町村 : 1곳)
한국인 선교사 수 : 1명(2교회)

자연경관

큐슈의 북서부에 있으며, 남은 아리아께카이(有明海), 북은 겐카이나다(玄界灘) 현 북부에 세부리(背振) 산맥이 놓여져 있고, 서쪽에는 구릉지대, 남으로 사가(佐賀) 평야가 펼쳐져 지형은 셋으로 구분됩니다. 기후는 온난하지만, 산간부나 겐카이나다쪽은 한기(寒氣)의 영향을 받습니다.

산업과 문화

운하가 많은 사가 평야는, 과거에는 쌀농사가 일본 1위의 기록을 남길 정도로 풍성한 농업현입니다. 산록부(山麓部)에서는 귤, 아리아께카이에서는 양식김이 유명하며, 아리따(有田)를 중심으로 한 도자기도 전통적으로 활발합니다. 큐슈 경제권의 중심인 후쿠오카(福岡)에 가깝기 때문에 후쿠오카에 의존하는 경향이 있으며, 현 자체의 경제적 자립이 어렵습니다. 고대 유적 ‘요시노가리(吉野ヶ里)’나, 몇 군데 온천 등의 관광자원도 그다지 기대하기는 힘듭니다. 자타가 공인하는 보수적 현민성을 가지고 있으나, 반

면 “인정깊은 사가(佐賀)”라고 불리는 따뜻한 인간관계를 맺을 수 있는 곳입니다. 에도 시대는 사가한(佐賀藩)의 나베시마씨(鍋島市)외의 몇 영토의 영주의 지배를 받았고, 그 이전에는 큐슈 일원에 걸친 기리스탄의 영향도 받았습니다. 고대 이래로 한반도나 중국대륙과의 문화 교류의 경험도 있어서인지, 막부 말에는 일본 최초의 세례자를 배출하는 등 보수성과는 전혀 반대의 개방성도 볼 수 있습니다.

도전과 희망

전통적 종교로는 가시마(鹿島) 시의 유도꾸이나리(祐德稲荷) 신사, 공자를 모신 다꾸(多久) 시의 다꾸성능(多久聖廟), 사가한슈나베시마코(佐賀藩主鍋島公)를 모신 마쯔바라(松原) 신사 등이 유명합니다. 신흥종교인 ‘건강을 지키는 모임 타이도(泰道)’는 사가시 북부의 후지마찌(富士町)에 본부가 있고, 전국에 지부를 가질 정도로 급성장하였으나, 금전의혹(金錢疑惑) 때문에 사회문제가 되었습니다. 사가한(佐賀藩)의 장로

였던 무라따 와까사노가미 마사노리(村田若狹守 政矩)는 나가사키(長崎)에서 막부 해군의 요직에 있었을 때, 부하가 해상에서 주운 영어성경을 입수한 것이 계기가 되어 내일(來日)한 선교사 Verbeck의 인도로, 남동생 무라따아야베(村田 綾部)와 함께 세례를 받았습니다. 오랜 시기에 걸쳐 사가(佐賀) 현민의 사상적 배경이 된 무사도 정신은 유교에 의해 지탱되어져 왔으나, 이것은 종교라고는 말할 수 없습니다. 무라따 형제의 예나 명치 초기에 루터파 교회가 사가 시에 설립되었던 사실은 선교의 진전에 커다란 가능성이 있다는 충분한 증거가 될 것입니다.

사가 현을 위해

2일 사가 현에 있는 31교회가 좋은 협력관계를 가질 수 있도록. 목사들이 서로의 부담을 가지고 함께 기도할 수 있도록. 성도들도 타교회에 대한 관심과 이해를 갖기 시작할 수 있도록.

3일 명치이래의 사가 현 출신의 크리스천, 혹은 현재도 세상에 널리 알려져 있는 사가 현 출신의 신도나 목사의 존재 및 간증을 가능한한 많은 사람들에게 소개하여, 후계자가 나오길 격려할 수 있도록.

4일 나가사키(長崎) NBC에서 방송되고 있는 기독교 프로 '세상의 빛' 청취자가 사가 현에서도 늘어날 수 있도록. 이것을 위해 현 내의 교회들이 특별집회를 개최하거나, 협력하여 지원하도록.

5일 시온의 동산, 은혜의 동산, 후지학원 등 기독교 복지시설의 경영이 유지될 수 있도록. 현 내에는 아직 없는 미션스쿨, 기독교 병원 등이 생길 수 있도록.

6일 사가 현은 정촌(町村)의 교회 미설치 비율 86%로 전국 1위이다. 인구 7만 5천 명인 사가(佐賀) 군, 6만 5천인 미야끼(三養基) 군, 5만 이상인 칸자끼(神埼) 군의 각각 5~6마을의 아무 곳에도 교회가 없다. 교회가 아직 없는 36마을 어느 곳이든지 빨리 교회가 생기도록.

7일 교회는 있지만 하나밖에 없는 시가 세 곳 있는데 그중에서도 다께오(武雄) 시 카시마(鹿島) 시는 한 교회가 더 있어야 교회밀도의 전국 평균에 달한다. 교회가 더 많이 생기도록 기도하자.

나가사키(長崎) 현

현청소재지 : 나가사키(長崎) 시
행정단위 수 : 8시(市) 71정촌(町村)
면적 : 4,091㎢
인구 : 1,537,280명
인구밀도 : 375.8명/㎢
교회 수 : 57개
한 교회가 담당할 인구 : 26,970명
교회 미설치 市 : 1곳(※한 교회만 있는 市 : 1곳)
교회 미설치 町村 : 59곳(그 중 인구 2만 이상인 町村 : 1곳)
한국인 선교사 수 : 없음

자연경관

오키나와(沖繩)를 별도로 하면 일본의 최서단에 위치하며, 현 자체가 반도(半島)인 것과 동시에 시마바라(島原), 나가사키(長崎) 등 모든 반도와, 동지나해, 쓰시마(對馬) 해협에 면하는 많은 섬들로 이루어져 있습니다. 분화(噴火)가 있었던 운젠다께(雲仙岳), 또한 다라다께(多良岳)의 두 화산군(火山郡) 외에 높은 산은 없으며 평야도 별로 없습니다. 기후는 쓰시마난류(對馬暖流)의 영향을 받아 온난다우(溫暖多雨)합니다.

산업과 문화

공업이 뒤늦어 지금도 농수산업 위주이지만 자연 조건이 좋지 않아 논(水田)은 많지 않습니다. 밭농사도 자급할 수 있을 정도이며, 감자가 전국 2위, 고구마도 전국 굴지 생산액입니다. 귤은 사가(佐賀), 구마모토(熊本) 양 현에 뒤떨어진 듯합니다. 수산업은 풍부한 어장을 끼고, 좋은 항구도 많아 어획량은 전국 2위입니다. 어종(魚種)도 풍부하여 전갱이와 고등어는 1위입니다. 마쯔우라(松浦) 반도 일대는 홋카이도(北海道), 기타큐슈(北九州)에 다음가는 석탄산지였으나 합리화의 영향으로 쇠퇴하였습니다. 공업은 조선(造船)과 전기(電機)가 중심이며, 일부 대기업 이외에는 영세기업이 대부분입니다. 문화적으로는 한국, 중국에 가장 가까우며, 에도시대의 쇄국정책하에서 해외에 대해 열려진 유일한 창구였습니다. 중국 문화나 포르투갈, 네덜란드 등 서양 문화의 영향도 많이 남아 있습니다. 현민의식으로는 '처음인 사람을 만나는 것은 마음이 무겁다' 라는 대답이 아오모리(青森)에 이어 2위. 전통적 보수성이 강한 현입니다.

도전과 희망

기독교의 최초의 전래가 가고시마(鹿兒島)에서 히라도(平戶)의 루트였기 때문에 기리스탄 신도가 늘어났으나 금교령(禁敎令)과 함께 많은 순교자가 나왔습니다.

종교전쟁이라기보다 압제에 고통받던 백성의 반란이라는 초점이 강한 아마쿠사노란(天草の亂)도, 그 지역에서의 기리스탄 배척을 강화시켰

습니다. 불교를 믿는다는 사람의 비율이 큐슈 제일입니다. 개국(開國)과 함께 가꾸레 기리스탄의 발견, 교회 회복, 새로운 선교가 추진되었습니다. 가톨릭 신자 수는 전국 1위이나 프로테스탄트는 적은 편입니다.

　신앙을 지켜왔던 충성됨, 인내 깊음은 귀중한 은사입니다. 원자폭탄의 참상 가운데서도 더욱 하나님의 뜻에 의지하는 신앙, 평화의 주장 등은 교의(敎義) 차이를 초월하여 성경의 진리 속에만 그 원천이 있는 것입니다. 성경에 굳건히 선교회가 더 필요합니다.

나가사키 현을 위하여

8일　현 내의 목사와 교회가 건전히 교제하여 협력할 수 있도록. 기존의 교류가 있다면 그것을 이용하여, 없다면 적합한 좋은 기관이 조직될 수 있도록.

9일　기독교 전문서점 '나가사키 기독교서점 시온'을 위해. 크리스천 대상의 숙박·연수시설이 생길 수 있도록. TV 복음프로가 방영될 수 있도록. NBC나가사키 방송에서 내보내는 라디오 프로 '세상의 빛'을 위하여.

10일　오랜 역사가 있는 나가사키(長崎) 시의 캇스이(活水) 학원(여자대학, 여자초급대, 고교, 중학), 이사하야(諫早)의 진자이(鎭西) 학원(나가사키 웨슬리언 초급대. 고교), 전후에 생긴 나가사키 학원(외국어 초급대) 등이 성경적 기독교 입장에 계속 설 수 있도록.

11일　가톨릭계 병원·의원은 있으나, 프로테스탄트계 의료기관은 별로 알려져 있지 않다. 시마바라(島原) 반도 남부의 니시아리에(西有家) 마을에서 개업하고 있는 이소노(磯野) 산부인과의원과 이소노 원장의 사역을 위해.

12일　기독교 정신으로 운영되는 사회복지 시설에 관한 정보는 없으나, 고령자 시설등이 필요하다. 사명감을 가진 사람이 생기도록. 현재 이러한 시설에서 일하고 있는 크리스천들을 위해.

13일　교회 미설치 지역인 마쯔우라(松浦) 시에 빨리 교회가 생기도록. 대부분의 미설치 마을이, 시마바라(島原) 반도나 복잡하게 들어간 기따마쯔우리(北松浦) 반도, 고또(五島)열도 등의 과소지역에 퍼져 있다. 이러한 조건에 맞는 선교 정책이 세워질 수 있도록.

구마모토(熊本) 현

현청소재지 : **구마모토(熊本)** 시
행정단위 수 : 11시(市) 83정촌(町村)
면적 : 7,403㎢
인구 : 1,870,473명
인구밀도 : 258.5명/㎢
교회 수 : 83개
한 교회가 담당할 인구 : 22,536명
교회 미설치 市 : 없음(※한 교회만 있는 市 : 2곳)
교회 미설치 町村 : 67곳(그 중 인구 2만 이상인 町村 : 1곳)
한국인 선교사 수 : 1명(1교회)

자연경관

큐슈의 중앙으로 서쪽은 아리아께카이(有明海), 시마바라 만(島原灣), 야쯔시로카이(八代海)에 면해 있습니다. 남쪽은 시코쿠 산맥에 이어지는 큐슈 산맥이 북동에서 남서로 달리며 큐슈의 지붕을 이루고, 북부는 쯔꾸히(筑肥) 산지, 동부에는 광대한 칼데라(화산구)를 가진 아소 화산(阿蘇 火山)이 서부의 구마모토 평야를 향해 저변을 넓히고 있습니다. 중앙부의 바다쪽에는 우도(宇土) 반도 끝에 아마쿠사(天草) 제도(諸島)가 산재해 있습니다. 기후는 온난하지만 구마모토 시 부근은 한서(寒暑)의 차가 심한 내륙적 기후입니다.

산업과 문화

아직 농목림업 등 1차산업 의존도는 높은 편입니다. 면적이 크고 경지율도 높기 때문에 농업 생산액도 전국 7위, 큐슈에서는 가고시마에 이어 2위입니다. 쌀보리를 비롯하여 야채, 과일 등 종류도 많으며, 특히 수박, 메론이 전국 1위입니다. 목축은 아소(阿蘇), 구마모토 근변지역이 활발하여 우유생산은 큐슈 제일입니다. 공업은 뒤떨어져 있지만, 미즈마따 병(水俣 病)으로 주목된 화학, 종이 펄프 공업 외에 IC관계, 자동차 제조 등이 유망합니다. 전체적으로 전통을 준수하며, 보수적 경향이 강한 큐슈 가운데서도 특히 보수적입니다. 현민성은 순수하며 외골수로 토론을 좋아하며 보수적이지만 반골정신이 강한 성격입니다. 자신들이 사는 곳이 살기 편하다는 대답이 최대로 많습니다.

도전과 희망

구마모토 현민은 종교심이 강한편인 듯, 불교를 믿고 있다고 대답한 사람의 비율도 많은 편입니다. 유명한 사사(社寺)로는 나라(奈良) 시대 이전부터 유래가 있는 아소(阿蘇) 신사, 중세의 무장(武將)을 모신 기꾸찌(菊池) 신사, 가또(加藤) 신사 등이 있습니다. 기리스탄 신도는 영주(領主) 고니시유끼나가(小西行長) 밑에서 늘었지만, 그의 사후(死後)에 대신 영주가 된 가또기요마사(加藤淸正)는 그들을 탄압했습니다.

아마쿠사(天草)에는 꽤 많은 가꾸레 기리스탄이 있었습니다. 프로테스탄트의 선교는 명치 초년에 세워진 구마모토 요각꼬(態本 洋學校)에서의 과외 수업으로부터 시작되었습니다. 그 교사였던 미국의 퇴역군인 L.L Janes는 성경연구모임을 시작하였습니다. 1876년 Janes에게 인도함을 받은 양학교(洋學校) 생도 30명 이상이 구마모토의 하나오까잔(花岡山)에서 봉교취의서(奉敎趣意書)에 서명, 헌신을 약속하고, 구마모토(態本) 밴드라 칭하였습니다. 이것은 요꼬하마(橫浜), 삿포로(札幌) 양 밴드와 함께 일본 프로테스탄트의 3원류라 인정받고 있습니다. 새로운 흐름이 일어날 것을 기대해 봅니다.

구마모토 현을 위해

14일 현 내에는 아직 없는 TV복음방송 프로의 방영이 실현될 수 있도록. 구마모토 방송에서 보내고 있는 '세상의 빛' 이 활용될 수 있도록. 현 내 목사님들의 교제와 협력을 위해 구마모토 현 목사회가 쓰임받을 수 있도록.

15일 크리스천 대상시설인 아소(阿蘇)의 구마모토 YMCA 아소 캠프장, 니시야마소(西山莊) 죠요(長陽)의 Lutheran 아소 산장을 위해. 기독교 전문서점인 구마모토 기독교 서점 및 오아시스 서점의 사역을 위해.

16일 100년 역사가 넘는 준신(順心) 학원(구마모토 훼이스 여학원고교), 그 다음에 이어지는 큐슈 학원(고교, 중학), 역시 역사가 오래된 큐슈 여학원(대학, 고교, 중학)이 성경의 전통에서 벗어나지 않는 교육을 행할 수 있도록.

17일 한센씨병 요양소 및 한센씨병 시설 안에 있는 성공회 레이메이 교회(黎明 敎會)가 돌아갈 곳 없는 회복자들의 마음의 지주가 될 수 있도록.

18일 기독교 정신에 기초한 맹농아자를 위해 생긴 구마모토 Light House, 지적장애자의 후생시설인 구마모토 노조미 홈을 위해. 고령자 시설인 지아이엔(慈愛園)을 위해.

19일 교회가 하나도 없는 7마을의 인구를 합하여 5만인 야쯔시로(八代郡) 군, 8마을이 8만 가까운 다마나(玉明) 군, 한 교회는 있으나 13마을이 이 7만 가까운 구마(球磨) 군, 마찬가지로 한 교회로 5마을에 6만 가까운 가모또(鹿本) 군, 4만 5천의 다마나시(玉名) 도 한 교회밖에 없으므로 교회가 더 필요하다.

부인회(여전도회)의 힘이 강한 것은 일본 교회만이 아니고, 또한 기독교회만이 아닌 듯합니다. 타국이나 타종교는 제쳐놓고, 이전에는 청년층이 일본 교회에 모여들었습니다. 그런데 지금은 주부층, 그리고 고령자층이 증가 경향에 있다고 할 수 있습니다. 어느 시대에도 결핍되어 있는 것이 장년 남자층, 소위 아버지들입니다. 일본의 아버지들은 가정 속에서도 부재되기 쉬우며, 없어서는 안 될 입장임에도 가정에서는 그 존재감이 희박합니다. 그것이 그대로 교회 회중에 반영되고 있는 것입니다.

이미 구원받고 교회원이 되어 있어도 착실한 신자일수록, 직장에서도 열심이기 때문에 교회의 집회 출석도 부담이 되기 쉽습니다. 하물며 그 동료, 선배, 후배를 인도하는 것은 용이한 일이 아닙니다. 일본 교회는 진지하게 일본의 아버지들의 전도를 위해 기도하며 대책을 세울 필요가 있습니다. 장년 남성이 하루 가운데 가장 많은 시간을 보내는 곳은 그 직장입니다. 학생 전도에 가장 적합한 장소가 학교인 것처럼, 장년층은 그 직장에서 전도해야 할 필요가 있지 않을까요?

영·미에서는 선원, 군인, 경찰관, 소방사, 우체국원과 같은 제복 착용자를 비롯하여, 각 지역마다 크리스천이 동업자에게 전도하는 조직이나 단체가 긴 역사를 가지고 있습니다. 일본처럼 종적 사회가 아니고, 노동조합도 업종별 유니온 숍

제도를 취할 수 있는 사회라는 것도 전도하기 쉬운 원인일지도 모릅니다. 국제 기드온협회도 외교 세일즈맨이 동업자에게 간증한 것으로부터 시작되었습니다.

시간에 쫓기는 비지니스맨이 몇 명이라도 모이려는 것은 쉽지 않으나 궁리해 보면 길이 있습니다. 사장들을 모으기 위해서 아침식사 시간을 이용하는 일이 있습니다. 근무시간 이후는 저녁 늦게까지 도저히 약속을 할 수 없는 바쁜 경영자들도 아침식사를 함께하면서 중요한 용건을 서로 이야기할 수가 있습니다. 영원한 생명에 관한 이 중대한 정보를 아무래도 들려 주어야만 할 필요가 있다면 이 시간을 시도해봅시다. 지금 전국에 많은 지부가 생긴 조도회(朝禱會)는 이 발상에서 시작되었습니다. 물론 점심 휴식시간, 5시 이후의 시간을 낼 수 있다면 좋겠지만, 어찌 되었든 직장전도를 더욱 활발히 전개하여 일본의 아버지들을 구출해내야 하지 않겠습니까.

20일 영화·연극·연예계에 종사하는 배우, 무대예술가, 예능인, 혹은 탤런트 같은 사람들과 그들을 무대 뒤에서 지탱해 주는 사람들, 이러한 세계에도 복음이 닿을 수 있도록. 크리스천 예능 관계자의 전도 사역을 기대한다.

21일 복음주의적 신앙에 선 신자들이 교파를 초월한 교제와 교회 선교봉사에 협력하는 것을 목적으로 결성된 '일본 크리스천 신도연맹' 의 사역을 위해. 새로운 세대의 리더로서 활동을 기대해본다.

22일 실업계와 전문 직업인에게 복음을 전하고 인도하는 것을 목적으로 세계 각국에 조직되어 있는 CBMC의, 일본에 있는 7지부를 총괄하는 '일본 기독교 실업인회 (CBMC)' 의 사역이 주님께 쓰임받도록.

23일 모든 크리스천이 성서의 신앙에 따라 사회생활 속에서 바르게 대응할 수 있도록 서로 연수하고, 다이내믹한 크리스천 사회인으로서 간증하는 것을 목적으로 하는 '그리스도 사회인 연합(CBA)' 을 위하여.

24일 전문 직업인의 간증을 통해 개인전도, 성서 배포 등의 활동을 행하는 세계적 조직인 '일본 국제 기드온협회' 의 사역을 위해. 호텔, 병원, 형무소, 학교, 경찰, 자위대 등에 충분히 성경이 배포될 수 있도록.

25일 크리스천 실업가에 의해 오오사카에서 시작되어, 지금은 전국에 퍼져 있는 교파를 초월한 신도의 기도운동인 '조도회(朝禱會)' 를 위해. 조도회의 건전한 교제와 운영이 유지되고, 기도의 힘이 발휘될 수 있도록. 또한 최근에 활발한 직장인 사역에 참여하고 있는 '크리스천 Ambassador' 의 사역을 위해서.

현청소재지 : 오이타(大分) 시
행정단위 수 : 11시(市) 47정촌(町村)
면적 : 6,338㎢
인구 : 1,238,496명
인구밀도 : 195.4명/㎢
교회 수 : 61개
한 교회가 담당할 인구 : 20,303명
교회 미설치 市 : 없음(※한 교회만 있는 市 : 3곳)
교회 미설치 町村 : 399곳(그 중 인구 2만 이상인 町村 : 없음)
한국인 선교사 수 : 2명(1교회)

자연경관

큐슈의 북동부를 차지하며, 동쪽은 분고(豊後) 해엽, 북쪽은 스오나다(周防灘)에 면해 있습니다. 남부는 시코쿠 산지의 연장인 큐슈 산지가 북동에서 남서로 달리고, 북부는 태고에 활발하였던 화산활동의 잔재가 야바케이(耶馬溪) 용암대지를 만들며, 북동부에 돌출하여 구니사끼 반도(國東 羊島)가 되었습니다. 대지(臺地)의 남동부에는 구쥬(久住) 연산(連山), 벳부 온천(別府 溫泉)의 배경을 이루는 쯔루미다께(鶴見岳) 등의 화산군이 있어 지금도 활동이 계속되고 있습니다. 평야는 오이타(大分)와 나까츠(中津) 평야가 있을 뿐입니다. 일반적으로 온난다우한 기후이지만 구니사끼(國東) 반도와 그 북쪽은 비가 적습니다.

방을 중심으로 홋카이도, 도오호꾸(東北)를 제외하면 전국 유수의 소재(素材) 생산량이 있으며, 버섯의 생산량은 일본 제일입니다. 광물자원은 풍부하나 산업으로는 활발하지 못하며, 공업은 오이타(大分) 시가 산업도시로서 기대됩니다. 오래된 유래있는 문화전통은 신화(神話) 시대로 이어집니다. 지리적 위치 관계로 같은 큐슈에서도 이질적인 경향이 있습니다. 간사이(關西)나 시코쿠(四國)와의 교류 영향이 강하며, 적극성이 있고, 개인주의적이고 합리주의적으로도 보이며 그러므로 후쿠자와 유키찌(福澤諭吉 : 명치 사상계의 선각 교육가로 게이오 대학 창립자)와 같은 인물을 배출한 것도 수긍이 갑니다.

산업과 문화

경지율이 적고 공업도 미발전 상태이므로 여전히 농업현입니다. 특산이라 할 만한 농산물이 적으며, 목축, 수산업에도 특별한 것은 없으나, 임업은 임야 면적이 넓기 때문에 히따(日田) 지

도전과 희망

우사진구(宇佐神宮)는 고대 문화의 한 중심지였던 잔재입니다. 분고다까다(豊後高田) 지역에는 오우슈쥬손지(奧州中尊寺)와 쌍벽을 이루는 후끼지(富貴寺)가 있는 외에, 고대 중세로부터

내려오는 오래된 사사(社寺)가 아주 많이 있습니다. 우사(宇佐)를 중심으로 하여 구니사끼(國東) 반도 부근은 특히 주술적인 감화가 농후합니다. 현남(県南)에는 우스끼(臼杵)등을 중심으로 석불(石佛)이 남겨져 있습니다. 기리스탄은 프란시스 자비에르(Francis Xavier)의 적극적인 포교에 의해 영주 오오또모(領主大友) 씨를 비롯하여 민중에게도 폭발적으로 증가되었습니다. 도쿠가와 바꾸후(德川幕府)의 철저한 금교정책 때문에, 명치 이후 전도에 있어서도 적의와 편견이 뿌리깊게 남아 있는 것은 이 곳만의 문제가 아닙니다. 명치 초년 다른 현에 비해 늦게 프로테스탄트 선교 착수가 이루어졌으나, 열심있는 선교사들이 영어 교사로 부임, 1888년에 오이타(大分) 메소디스트 교회가 설립되었습니다. 다음 해는 제야(除夜) 기도회 때에 리바이벌이 일어나 청년들이 각지에서 전도했다는 기록이 있습니다.

26일 TV 복음 프로가 현민에게 제공될 수 있도록. 현 내 목사와 교회의 건전한 교제와 협력을 위하여.

27일 기독교 전문서점인 Life Center 오이타 서점의 사역을 위하여.
서점을 이용하기 힘든 신자나 목사들이, 신앙생활이나 교회 성장에 도움되는 문서를 손쉽게 입수할 수 있게 되기를.

28일 기독교 정신의 학교가 발견되지 않는 것은 유감이다. 반드시 생기도록 기도하자. 현 내의 학교에 봉직하고 있는 크리스천 교사들이 지난 날의 선교사들처럼 인격적인 감화를 끼칠 수 있도록.

29일 크리스천이 경영하는 병원으로 오이타 시의 요시다 병원(내과, 심료내과), 이노베 병원(井野邊), 루카스 병원(정신과)이 있다. 복음이 영과 육 모두에게 은혜를 끼칠수 있도록.

30일 기독교 사회복지시설로 아동양호시설인 벳부(別府)의 에이꼬엔(榮光園), 또한 특별 양호 노인홈과 데이 서비스를 하고 있는 나까쯔(中津)의 이즈미노소노(園)의 사역을 위해.

1일 오이타 현에서 아직 교회가 없는 39마을은 대부분이 인구 천~3천 정도의 소단위 자치제이기 때문에 각각 한 교회를 설치 유지하기에는 어려움이 있을 것이다. 그 지역에서 중심이 되는 시(市)에는 한 교회 이상의 교회가 있으므로 그들 교회가 한 교회를 더 개척할 수 있는 힘을 가질 수 있도록 기도하자. 우사 시는 인구 5만 이상이나 한 교회뿐이다.

미야자키(宮崎) 현

현청소재지 : 미야자키(宮崎) 시
행정단위 수 : 9시(市) 35정촌(町村)
면적 : 7,734㎢
인구 : 1,188,341명
인구밀도 : 153.7명/㎢
교회 수 : 62개
한 교회가 담당할 인구 : 19,167명
교회 미설치 市 : 없음(※한 교회만 있는 市 : 2곳)
교회 미설치 町村 : 27곳(그 중 인구 2만 이상인 町村 : 3곳)
한국인 선교사 수 : 없음

자연경관

큐슈의 남동부에 위치하며, 큐슈 산지를 북과 서의 경계로 하여 남서부는 기리시마(霧島) 산과 오스미(大隅) 반도의 시작하는 부분을 경계로 하고 있습니다. 동은 100㎞나 되는 단조로운 휴가나다(日向灘)와 변화무쌍한 니찌난(日南) 해안이 태평양에 면해 있습니다. 중부 해안의 배후는 넓은 미야자키 평야로, 이 평야를 만드는 오요도가와(大淀川) 상류에는 미야꼬노죠(都城), 고바야시(小林)의 두 분지가 있습니다. 기후는 온난다우하며, 평지에서는 눈을 볼 수 없으나 장마시 집중호우와 태풍의 피해가 있습니다.

산업과 문화

점차 감소하고 있는 1차산업 취업자의 대부분은 농업입니다. 농업생산물 중에서도 쌀보리의 비율은 낮고, 축산이 비교적 높은 비율입니다. 평지는 넓어도 화산재나 홍적층(洪積層:홍적세에 생긴 지층)이 많아 생산성이 낮습니다. 수확량이 눈에 띄는 것은 전국 1위의 피망, 3위의 감자, 무우, 토란 등입니다. 어업기지는 특별히 좋은 어장이 없음에도 어느 정도의 어획고를 올리고 있습니다. 공업은 입지조건이 나빠서 발달하지 못했습니다. 현 내에 2,000 이상의 고분(古墳)이 있어 고대 문화 유물이 다수 출토되고 있습니다. 다까치호(高千穗)는 신화의 마을이기도 합니다. 그러나 이러한 배경 때문인지 전통적 가치관이 강하며, 지역, 혈족 집단으로의 귀속의식(歸屬意識)이 높은 듯합니다. 이러한 굴레가 강한 것과는 반대로 적극적으로 행동하고 싶다는 욕구를 가진 사람이 오히려 많을지도 모릅니다.

도전과 희망

의식조사를 보면 종교적인 것에 대한 관심도는 꽤 높습니다. 현 내에 우도신궁(鵜戸神宮), 미야자키(宮崎)신궁, 다까치호(高千穗)신사 등 고대 신화에 기원을 가진 오래된 신사가 있습니다. 기리스탄은 분고(豊後)에서 오토모(大友) 영주 일족이 개종한 결과, 휴가(日向) 지역에 널리 퍼져 상당수의 세례자가 나왔었습니다. 명치 이후 가톨릭보다 1년 먼저 프로테스탄트 전도가 착수되어 단기간에 주요 도시에 선교가 추진되었습니다. 그로부터 10년 전후에 각지에 교회가 설립되어졌습니다. 선인들의 노고를 생각해 볼 때 현대교회는 여러 가지 특권이 주어진 셈입니다. 인구가 2만 이상인데도 아직 교회가 하나도 없는 두 마을 미마타죠(三股町), 구니토미죠(國富町)에 대하여 현 내에 있는 교회 몇이 도전해 보면 어떨는지요. 모두 인구가 증가하고 있는 마을입니다. 가까운 목표를 세워 행동을 시작해 주길 기대합니다.

2일 아직 실현되지 않은 TV복음프로 방영이 가능케 되도록. 라디오는 미야자키 방송에서 내보내는 '신선한 세상의 빛', '참된 구원'이 있다. 현 내 목사와 교회의 교제와 협력을 위해 기도하자.

3일 크리스천이 이용할 수 있는 숙박, 연수시설이 현 내에 필요하다. 오직 한 군데 있는 기독교 전문서점인 미야자키 후꾸인(福音) 서점을 위해. 현 내 신도들의 영적 향상, 성경 이해의 도움이 되는 자료를 입수하기 쉽도록.

4일 기독교 정신의 교육을 행하는 학교가 한 현에 적어도 하나는 필요하다. 반드시 이러한 학교가 생기도록 기도하자. 현 내 학교에 근무하고 있는 크리스천 교사들이 몸으로 그리스도의 증인의 삶을 살 수 있도록.

5일 기독교 관계의 병원, 의원, 진료소는 없는지? 크리스천 의사 간호원들이 육체와 함께 마음도 고칠 수 있도록. 또한 동료들에 대해서도 좋은 증인이 될 수 있도록.

6일 기독교 입장에 선 사회복지시설이 있으면 성도도 마음이 든든하며, 또한 사회전도의 창구도 될 수 있다. 현 내에 이러한 시설이 생기도록 기도하자. 복지관계에서 일하는 크리스천을 위해서도.

7일 미야자키 현의 교회 미설치 마을중에 인구 2만 7천의 기요타께죠(清武町), 2만 4천의 미마타죠(三股町), 2만 3천의 구니토미죠(國富町)는 모두 인구 감소가 없으므로 우선적인 선교의 대상이 될 것이다. 또한 넓은 지역의 산간 과소지대로는 히가시우스끼(東臼杵) 군, 니시우스끼(西臼杵) 군 두 군을 합쳐 13마을로 인구 8만 3천 중에 다까치호(高千穗)에 한 교회가 있을 뿐으로 교회가 더 필요하다.

가고시마(鹿兒島) 현

현청소재지 : 가고시마(鹿兒島) 시
행정단위 수 : 14시(市) 82정촌(町村)
면적 : 9,186㎢
인구 : 1,790,437명
인구밀도 : 194.9명/㎢
교회 수 : 73개
한 교회가 담당할 인구 : 24,527명
교회 미설치 市 : 1곳(※한 교회만 있는 市 : 5곳)
교회 미설치 町村 : 60곳(그 중 인구 2만 이상인 町村: 없음)
한국인 선교사 수 : 1명(1교회)

자연경관

큐슈의 남단을 차지하며, 남동부와 남부는 태평양, 서부는 동지나해에 면하는 본토 부분과 고시끼지마(甑島) 열도, 사쯔난 쇼또(薩南諸島)에 속하는 섬들로 이루어져 있습니다. 본토 동부는 오즈미 반도(大隅 半島), 서부는 사쯔마 반도(薩摩 半島)가, 사꾸라지마(桜島)를 끼고 깊이 들어가 있는 가고시마(鹿兒島) 만으로 나뉘어집니다. 동북부의 현 경계의 기리시마잔(霧島山)과 사꾸라지마(桜島) 카이몬타께(開聞岳) 등의 화산이 많으며, 구화산의 분출물에 의한 화산회 대지가 형성되어 있습니다. 기후는 온난하며 본토에서는 겨울에 눈도 볼 수 없습니다. 강수량은 많으며 많은 태풍의 직접적인 엄습을 받습니다.

산업과 문화

1차산업이 차지하는 비율이 높은 농업현으로, 생산액은 전국 4위, 중부 이하 지방에서는 1위입니다. 그 중에서도 이름처럼 사쯔마이모(고구마)는 일본 1위로 전국의 30% 이상을 생산합니다. 또한 양돈, 양계 등 축산도 활발합니다. 임업에서는 야꾸시마(屋久島)의 삼나무가 특산품, 수산업에서는 양식 방어가 전국 1위, 뱀장어가 2위의 생산액입니다. 공업은 미발달 상태입니다.

미야자키 현과 함께 고대 문화의 지방거점의 한 곳이었습니다. 일본의 중심에서 멀리 떨어져 있기 때문에 전통주의적이며 보수적입니다만, 남존여비 풍조가 강합니다. 금방 뜨거워지며 금방 차가워지고, 정에 약하다는 특색이 있습니다. 명치 유신을 계기로 중앙과의 관계가 강해지고 교육에 열심을 내게 되었습니다.

도전과 희망

종교적 관심은 평균치에 가까우나 특정 종교를 믿는다고 하는 대답은 비교적 많으며 불교, 신도 모두 큰 비율을 나타내고 있습니다. 전통적인 사사(社寺)로는 국가 창조 신화와 관계되는 기리시마(霧島) 신사, 시마즈한(島津藩)의 영주를 모신 데루꾸니(照國) 신사 등이 있습니다.

1549년 프란시스 자비에르가 가고시마에 상륙, 기리스탄 전래의 제 일보가 시작되었습니다. 많은 신자가 생겼으나 금교령에 의해 심한 탄압이 가해져 순교하든지 개종하든지 해야 하는 상황이 되었습니다.

명치 이후 프로테스탄트 선교는 세이난노에기(西南の役; Satsuma Rebellion으로서 명치 10년의 사이고 다까모리 등의 반란사건)의 지장을 받아 조금 늦어졌으나, 그 후 서서히 교회가 개설되었습니다.

과거 10년 간 현 내 교회 수는 30% 이상 증가했습니다. 이 비율이 유지된다면, 10년 후에는 100교회가 된다는 계산이 나오는데, 유감스럽게도 증가율은 감소일로에 있습니다. 이도(離島)에 대한 선교도 커다란 과제입니다.

가고시마 현을 위해

8일 가고시마 내 목사회, 가고시마 크리스천 수양회, 가고시마 전도협력회 등의 교제와 협력이 유지될 수 있도록. 가톨릭 교회밖에 없는 가세다(加世田) 시에 복음적인 교회가 생길수 있도록.

9일 크리스천 대상의 시설인 다루미즈(垂水)의 크리스천 수양회장을 위해. 기독교 전문서점인 가고시마 히또무기(一麥) 서점, 가노야(鹿屋) 크리스천센터 서점을 위해. 미나미 일본 방송에서 내보내는 라디오 프로 '참된 구원' 방송을 위해서.

10일 프로테스탄트 계통의 미션스쿨이 없다. 소규모이더라도 성서에 기초한 교육기관이 생길 수 있도록. 대학부터 유치원까지 교육의 현장에 있는 크리스천들의 신앙이 견고히 유지될 수 있도록.

11일 기독교 정신에 선 의료기관의 존재가 알려지지 않았으나, 만약 있다면 알려질 수 있도록. 의사, 간호사 등 의료 현장에 있는 크리스천들이 그 신앙을 증거할 수 있도록 기도하자.

12일 기독교적 입장에서 경영되고 있는 사회복지 시설은 있는지. 고령자 양호시설 등에서의 크리스천의 사역이 필요할 것이다. 현장에서 고생하는 신자들을 위해 기도하자.

13일 교회 미설치 마을 가운데 인구 3만 5천인 하야또 (準人) 마을은 인구증가가 되고 있다. 1만 5천의 가와나베(川邊), 에이(穎娃) 두 마을은 과소지역이긴 하지만 각각의 군 인구가 4만 이상인 가운데 교회가 하나밖에 없으므로 한 교회가 더 필요하다.

오키나와(沖繩) 현

현청소재지 : 나하(那覇) 시
행정단위 수 : 10시(市) 43정촌(町村)
면적 : 2,255㎢
인구 : 1,313,804명
인구밀도 : 570.7명/㎢
교회 수 : 211개
한 교회가 담당할 인구 : 6,100명
교회 미설치 市 : 없음(※한 교회만 있는 市 : 없음)
교회 미설치 町村 : 19곳(그 중 인구 2만 이상인 町村 : 없음)
한국인 선교사 수 : 3명(3교회)

자연경관

일본 최서단의 60여개 섬을 포함한 류뀨 쇼또(琉球 諸島)가 현지역이며, 사쯔난 쇼또(薩南諸島)와 함께 난세이 쇼또(南西諸島)를 형성하고 있습니다. 총 면적은 도쿄(東京)보다 크며, 가주지 면적은 교토보다 넓습니다. 길이 135㎞ 폭 4~28㎞로 최대의 오키나와도(沖繩島)를 주된 섬으로 하는 오키나와 쇼또(諸島), 미야꼬(宮古), 야에야마(八中山), 센까꾸(尖閣)의 각 쇼또(諸島)를 포함하는 사끼지마(先島) 쇼또와, 태평양상에 있는 고도(孤島), 가따다이또우(北大東) 섬, 미나미다이또우(南大東) 섬, 오끼다이또우(沖大東) 섬으로 되어 있습니다.

아열대성 해양형 기후로 사계의 변화가 없으며, 긴 여름과 계절풍 교체기의 기후의 급변, 태풍의 영향이 특색입니다.

산업과 문화

융기 산호초라는 지질적 조건과 더불어, 광대한 재일 미군기지의 토지 점유 때문에 기지의존의 경제로부터 탈피하기가 어렵습니다. 3차산업 비율이 취업자, 생산액 모두 전국 1위이고, 눈에 띄는 산업은 없으며, 농업은 쌀보리는 아주 적으며 약간의 야채 외에 특산인 파인애플, 사탕수수 등이 있습니다.

민족도 언어도 본토와 같은 야마또 민족, 일본어이면서도 해양으로 격리된데다, 타이완(臺灣)이나 중국, 남방제도와의 활발한 교류 등에 의해 독특한 문화가 형성되었습니다. 12세기 이후 왕조 지배가 계속되고, 에도 바쿠후(江戶 幕府)의 격리정책, 사쯔마한(薩摩藩)의 압제와 중국의 명나라와의 이중지배, 명치 정부의 류뀨(琉球) 처분, 그 후의 지역 격차, 태평양 전쟁 말기의 비극과 27년 간 미국의 점령 등 고난의 역사는 지금도 계속되고 있습니다.

도전과 희망

불교나 신도가 뿌리를 내리고 있지 않기 때문에, 불교 신자 1.7%, 신도 0.3%로 본토보다 극단적으로 낮은 회답율입니다. 조상숭배에 근거한 민간신앙이 관혼상제는 물론이고 일상생활의 구석구석까지 스며 있고, '유타 혹은 노로'라고 하는 무녀가 주술적 종교행사를 집전하고, 독특한 친족공동체 '몬쮸(門中)' 제도와 밀접하게 관련되어 복음 수용을 방해하고 있습니다. 1846년 나하항구(那覇港)에 상륙한 Bettelheim은 일본에 온 최초의 프로테스탄트 선교사로 성경번역도 손수하였습니다. 일본 선교의 발판이었던 오키나와는 본토 선교의 문호 개방과 함께 선교의 초점에서 벗어났습니다. 전후 미국 군정하(軍政下)라는 상황은 복음 선교 진전의 한 가지 동기가 되었습니다. 교회원, 주일예배 출석자의 대 인구비율은 일본 1위이며, 전국 평균의 약 3배나 됩니다.

14일 오키나와 TV에서 방영되고 있는 'Harvest Time', 라디오 오키나와의 프로 '세상의 빛', '참된구원', 'Baptist Hour'를 위해서. 목사와 교회 상호간의 건전한 교제와 협력을 위해 '오키나와 복음동맹'이 쓰여지도록. '오키나와 복음전도회'의 사역을 위해서도.

15일 크리스천 대상 시설인 오키나와 기노완 세미나 하우스, 이시가끼(石垣)에 있는 Pension Ecclesia를 위해. Life Center 나하(那覇)서점, 오키나와 기독교 서점의 사역을 위해.

16일 기독교 정신의 학교인 니시하라(西原)의 오키나와 기독교 단기대, 요미탄(浦添)에 있는 외국인 자녀를 대상으로 하는 오키나와 크리스천 스쿨, 또한 오키나와 YMCA 국제 호텔전문학교를 위해서.

17일 기독교 정신에 기초한 나하(那覇) 시의 올리브산 병원과, 부속시설인 노인건강보험시설 올리브원을 위해. 병자이면서 전도에 부름을 받아 평생 한센병 환자를 위해 몸 바친 아오끼 야스지로(靑木安次郎) 사제의 사역이 큰 영향을 미친 아이라꾸엔(愛樂園)을 위해.

18일 기독교 정신으로 운영되고 있는 아동양호시설인 요나하라(與那原)의 아이린엔(愛隣園)과 장애자 시설인 아이노소노(愛の園), 나까구스꾸(中城)의 고령자 복지시설 아이노무라(愛の村)가 건전히 유지되며, 수용된 사람들이 구원받을 수 있도록.

19일 교회 미설치 지역이 44%의 오키나와 현에서 일만 5천 가까운 인구로 교회가 없는 곳은 모또부쬬(本部町)뿐이다. 자치제단위로는 통계에 나오지 않는 많은 이도(離島)에도, 어떤 방법으로든지 복음이 이르고 교회가 생길 수 있도록.

연말연시만큼 일본의 종교적 현실이 드러나는 계절은 없습니다. 11월에 신사에서 시찌·고·산(七·五·三: 남자는 3세·5세, 여자는 3세·7세 되는 해 11月 15日에 비음을 입고 신사 참배하고 성장을 축하하는 행사)을 축하받았던 어린이들은, 다음에는 산타클로스를 기다립니다. 부모들은 산타를 대신하여 크리스마스 선물을 준비한 후 세뱃돈 준비도 해야만 하는 것입니다.

12월 25日의 폐점과 동시에 상점가의 크리스마스 트리는 카도마쯔(門松: 새해 문 앞에 세우는 장식 소나무)로 바뀌어집니다. 크리스마스 케이크는 25日이면 벌써 반액 세일을 합니다.

많은 일본인은 정월 초하루의 새벽 전부터 유명무명의 신사나 절에 속속히 모여들어, 1년 간의 안전과 축복을 될 수 있는 대로 싸게 확실하게 자기 것으로 하기 위해 주위 사람들이 던지는 동전이나 지폐를 곁눈질로 보면서 자신의 사이센(賽錢)의 금액을 결정하는 것입니다. 이 때에 절하는 대상은 아무 것이나 상관없고, 대부분의 일본인에게 있어서 가미(神)나 호또께(부처)는 동의어입니다.

많은 가정에는 가미다나(神棚)와 부쯔단(佛壇) 두 가지가 다 놓여 있습니다. 불교는 일본 고래의 신들을 인도에서처럼 불교의 수호신으로 위치를 매겼습니다. 일본 고래의 신앙을 불교에 맞추려고 한 신도가(神道家)는 일본의 신들이 인도에서 호또께(佛)로 출현했다고 주장했습니다. 불교와 함께 전래된 힌두교의 신들까지도 일본의 신불(神佛)로서 숭배되고 있습니다.

일본인에게 있어서 종교혼합(Syncretism)은 너무나도 자연스런 현상으로 생활의 일부가 되어 풍물시(風物詩)로서 일본인 감정 속에 뿌리 내리고 있습니다.

이러한 문화의 심층에 복음은 어떻게 작용하는 것일까요. 표면적인 전도로는 일본인의 표층밖에 바꿀 수가 없습니다. 앞으로의 일본 선교는 일본인의 뼛속, 핏속까지 바꾸어 놓는 대결이 필요하다고 봅니다.

20일 복음주의 성서 신앙의 입장에 서서, 신개역성경 발행과 배포를 해 온 일본성서간행회와 새로운 번역사업을 위하여. 125년이 넘는 역사를 거듭하며 성서협회세계연맹에 연결되어 성서번역, 출판, 배포 외에 성서전, 성서 세미나 등을 통해 성경보급을 도모하는 일본성서협회를 위하여.

21일 모든 민족이 자신의 말로 성경을 읽을 수 있도록, 성서 번역을 통해 선교활동을 추진하고 있는 일본 위클리프 성경번역협회의 사역과, 세계 각지에 파견되어 있는 선교사를 위하여.

22일 전도를 최우선으로 한 복음문서 출판과 각종 미디어 전도를 통해 성경신앙의 증거를 하기 위한 생명의 말씀사 전도 그룹의 18개 부문으로 이루어진 사역을 위해. 일본을 비롯하여 세계 90개국에 걸쳐, 모든 가정에 전도지를 "최후의 한 가정을 목표로" 배포하는 사역을 계속하는 전국가정문서전도협회(EHC)를 위해.

23일 영국에서 시작되어 전후 곧바로 일본에서도 개시, 전국 12개소의 전도센터를 거점으로 복음주의적 입장에 서서 서적판매, 출판 등의 문서전도를 행하고 있는 크리스천 문서전도단 (CLC)을 위해서. 전세계에 말씀을 전하는 것을 목표로, 오랫동안 문서전도의 사역을 추진하며 국제적 협력하에 최신예 대형인쇄기를 도입, 중국, 러시아 등을 위한 성경인쇄, 그 외의 사역을 하는 신생선교단(新生宣教團)을 위해.

24일 일본에서 가장 많은 사람에게 복음을 전한 일본의 대표적 대중전도자 혼다고지(本田弘慈) 목사의 순회 전도자로서의 봉사를 돕고 있는 '일본 쿠르세이드'를 위해. 1983년에 암스테르담에서 열린 세계전도자 회의 참석자 중에서 전도자의 교제, 훈련, 양성, 부조, 파견을 위해 결성된 '일본 전도자 협력회'와 그 회원을 위해서.

25일 일천만 구령의 비전을 가지고 전국 횡단 전도를 전개하고 있는 일본 그리스도 전도회를 위해. 대중전도, 교회 형성에 봉사하는 일본 그리스도 선교회(일본 다이내믹 크루세이드), 전일본 리바이벌 미션, 전일본복음선교회 등을 위하여.

패전 후의 일본에게 있어 승전국 미국으로부터 보내지는 구원 물자는 큰 도움이었는데, 동시에 일본 전국에 복음도 들어오게 되었습니다. 연합국 점령하에서의 기독교 전도는 한 때 특권적 취급을 받았습니다. 포켓성서연맹(PTL)은 소형 성경(요한복음)을 일본의 모든 현에 배포하면서 각지에서 전도집회를 열었습니다. 대규모의 대중전도는 1950년 전후부터 시작되어, 56년에는 모든 교파의 협력으로 빌리 그래함을 초청하는 대집회가 이루어졌습니다. 당시 주류파 교회에서는 카가와도요히꼬(賀川豊彦), 기무라기요마쯔(木村淸松) 등 전전(戰前)부터의 대중전도자에 의한 집회 이외에, Stanley Jones 등 외래강사를 초빙한 집회가 활발하게 행하여졌습니다. 50년에는 Lacour 음악전도단이 내일(來日)하였고, 59년에는 World Vision 주최로 오사카 크리스천 쿠르세이드가, 61년에는 동경에서도 같은 크루세이드가 열렸습니다.

그 때에 대중전도에 부담을 느낀 혼다고지(本田弘慈) 목사가 일본 복음 크루세이드를 발족시켜, 그 첫사역으로 64년에 동경 복음 쿠르세이드를 개최하였습니다. 67년에는 제1회 빌리 그래함 대회가 도쿄에서, 그 후 80년 제2회 대회가 도쿄 외에 오키나와, 오사카, 후쿠오카에서, 94년에는 제3회가 동경 등을 회장으로 개최되었습니다. 96년 가을에는 전일본 리바이벌 고시엔(甲子園) 미션이 있었습니다. 대거전도, 대중전도에 관해서는 항상 찬반 양론이 있고 부정적인 의견도 적지 않지만, 일본 선교를 지엽적인 시점에서밖에 보지 않는다면, 협력전도를 실현하는 것은 어렵습니다. 일본을 복음으로 변화시키기 위해서는 개교회의 착실한 사역과 함께 전민족적인 시점에서 총력 전도할 필요가 있습니다.

신학교, 성서학교의 중요성

목사 · 전도사 혹은 신학자 · 신학교수의 양성을 목적으로 하는 교육기관을 넓게 신학교라 말하지만 교육 내용의 수준은 천차만별로 명칭도 신학원(神學院), 신학쥬꾸(神學塾), 성서학원(聖書學院), 성서학교(聖書學校), 성서신학교(聖書神學校) 등 여러 가지입니다. 신학교(神學校)에는 지적 편중의 신학이라는 인상이 있고, 성서학교에 대해서는 신학 경시의 주관주의라는 비판이 있고, 그래서 양자의 결점을 보완하여 성서신학교라는 명칭이 생겼습니다. 신학교육이라 하면 신학무용(無用), 신학교 불요(不要)를 외치는 사람도 있지만 전도자, 목사를 만들기 위해서는 어떤 방법으로든지의 교육, 훈련이 필요함을 부정하는 사람은 없을 것입니다.

규모나 조직은 모두 다르지만 문제는 교육 내용으로써, 두뇌적인 면학만으로는 부족하다는 것을 관계자는 인정할 것입니다. 전 기숙사 제도는 기도와 전도 실천의 습득, 인격 형성을 위해서는 효과적입니다. 일본에서는 경제적, 인적으로 전임교수를 받기 힘든 상황이어서 현역 목사가 교수를 병행하는 학교가 많은 형편이지만, 교회 리더로서의 목회자를 양성하기 위해서는 오히려 좋은 일입니다. 일본에서는 목사가 학력이나 학위의 유무로 평가되지 않습니다. 일본에서

신학석사, 박사 학위를 수여할 수 있는 대학원이 있는 곳은 세 대학뿐입니다. 그 학위는 어디까지나 학술상의 능력에 관한 평가이므로 신앙상의 평가, 하물며 교회 운영, 설교나 신앙 지도와는 전혀 관계가 없습니다. 그러나 영미(英美)나 그 영향을 받고 있는 제3세계에서는 교직자가 학위의 유무나 종류에 의해 평가되는 경향이 있습니다. 일본에서 봉사하는 한 학위의 필요는 없다고 생각되나, 선교사, 교환교수, 그 외의 신학교와 교류할 경우는 아무래도 필요할 것입니다.

기도제목

26일 진화론의 현상을 알고 성서적 창조론을 배움으로써 많은 일본인에게 창조주를 인정하고 구세주 예수 그리스도를 전하는 것을 목적으로 하는 '창조과학연구회'를 위해. 성경이 역사적 사실에 근거한 서적인 것을 구체적 자료에 의해 제시하기 위한 시설을 설립하기 위해 준비하고 있는 '성서고고학자료관협력회'를 위해.

27일 제3차 세계의 맹인들에게 점자성경과 신앙 양서들을 보급하기 위해서, 국제선교협력의 일환으로 컴퓨터를 이용하여 성경의 점자 인쇄 데이터 작성에 임하고 있는 '내외맹인 미션'을 위하여. 성경을 일본어 수화로 번역하여 비디오 간행사업을 추진하고 있는 '일본농아 복음협회'를 위해.

28일 크리스천 국철직원 속에서 시작되어 지금은 JR 각사를 비롯 철도관계 직장에서 일하는 신자들이 만든 '철도복음동지회'를 위해 기도하자. 공공서비스업에 종사하는 신자들이 좋은 간증이 되도록. 널리 비즈니스맨, 전문직을 가진 크리스천의 교류를 통해 복음을 알리고 있는 International VIP Club을 위해.

29일 스포츠맨, 각종 운동선수 등 체육 관계자가 구원받을 수 있도록 기도하자. 크리스천인 프로 운동선수가 동료나 응원자, 관객 앞에서 분명하게 간증할 수 있도록. 2002년에 한일 공동으로 개최되는 월드컵 축구 대회를 통한 전도계획을 위해서.

30일 8월의 추석과 함께 고향을 떠나온 많은 일본인이 일시에 귀성하는 연말연시가 가까워졌다. 귀성하는 크리스천들이 출신 지역을 위해 복음을 증거할 수 있는 기회를 얻을 수 있도록. 자기의 고향을 위해서도 기도하자.

31일 심한 불황이 계속되고, 도산과 구조 재조정으로 실업자가 증가하고 있다. 대도회지에는 홈리스들의 수가 증가하고 있다. 추위도 심하며 휴업이 이어지는 연말연시에 더욱 힘든 그들을 위해 기도하자. 새해를 맞이할 준비는 되었는지? 1년을 의지할 성경의 약속의 말씀은 주어졌는지? 일본을 그리스도에게로 인도하기 위해서 신년의 Vision 이 주어지기를 기도하자.

　　세계 선교를 위한 자료로 『세계 기도 정보』(*Operation World*)와 견줄 만한 책은 없습니다. 1974년 초판 발행 이후, 증보 개정판을 더하면서 1993년의 제5판은 초판의 몇 배나 되는 내용으로 662쪽의 큰 책이 되었습니다. 각 나라가 알파벳 순으로 365일로 나뉘어져 같은 제목으로 기도할 수 있습니다. 그리고 일본을 위해서는 7월 10일~13일까지 지정되어 있습니다. 일본어 번역판이 없기에 일본 교회에는 잘 알려져 있지 않아 아쉬워하다가, 일본만을 위한 상세한 기도 내용을 알고 싶어하고, 중보하기 원하는 분들을 위해서 *Operation World* 의 일본편을 만들자는 제안에 따라 만들어진 책이 『일본선교 기도 정보 2000』(*Operation Japan* 2000)입니다. 1997년 일본어판과 더불어 영어판이 발행되어, 초판은 각각 6,000부와 9,000부 모두 매진되었습니다. 금번 내용을 개정한 제2판은, 2000년 뉴 밀레니엄을 기념해서 발행했습니다. 이번에는 일본어, 영어와 함께 한국어판을 동시에 발행케 된 것이 무엇보다 기쁩니다. 한국 교회의 뜨거운 중보기도가 있는 한 21세기 일본 교회에 부흥의 불길은 타오를 수 있을 것입니다.

OPERATION JAPAN 출판 위원회